나는 책을 만드는
사람입니다

나는
책을 만드는 사람
입니다

김진환 지음

학지사

프롤로그

"책 만드는 일은 세상에서 가장 귀한 일이다"

　학지사를 창업한 지 올해로 30년이 되었다. 회사를 운영하면서 힘들었던 일과 함께 회사가 조금씩 성장해 가는 것을 보며 느꼈던 감회들이 새롭게 다가온다. 곁에서 지켜보며 힘든 시간을 같이해 준 가족과 지인들에 대한 고마움이 사무쳐 온다. 학지사의 성장을 이끈 임직원들의 모습도 한 사람 한 사람씩 플래시컷처럼 떠오른다. 오랜 시간 곁을 지키며 힘을 보태 준 직원이 있었는가 하면 지금은 내 곁을 떠나간 사람들도 있다.
　그중에는 현재도 꾸준히 교류하며 지내고 있는 사람들도 있지만 소식이 끊어져 자취를 모르는 사람들도 있다. 어찌 되었건 그때는 그 사람들이 있었기에 시절인연을 따라 그들의 도움으로 학지사가 조금씩 조금씩 발전의 길을 걸어 올 수 있었다. 그래서 나에게는 어느 누구 한 사람도 고맙지 않은 이가 없고 모두가 다 은인일 따름이다. 설령 많은 사람 중에 그 누군가는 나를 힘들게 하기도 하고 나를 실망시켰던 사람도 있었겠지만 돌이켜보면 그들은 반면교사, 타산지석의 교훈을 일깨워 준 나의 참 스승이 아니었을까 싶다.

가지 말아야 할 길을 그들 덕분에 가지 않을 수 있었고, 하지 말아야 할 일을 그들 덕분에 하지 않을 수 있었다. 사람들은 자신의 말에 잘 순응하고 거스르지 않는 사람들을 좋은 사람이라고 평가하거나 곁에 두려고 한다. 하지만 이런 사람들 속에서만 지내다 보면 마음은 편할지 몰라도 안일해지거나 교만해지기 십상이다.

나를 늘 긴장시키는 사람들이 있다. 그들은 대체로 나의 말에 고분고분하지 않거나 나의 진의를 왜곡하여 받아들이곤 한다. 그런 사람들을 지켜보다 보면 짜증이 나기도 하고 세상을 왜 저렇게 뒤틀린 시각으로만 바라볼까 하는 안쓰러운 마음을 갖게 되기도 한다. 하지만 세상살이에는 정답이 따로 있지는 않은 것 같다. 정말로 사후에 지옥이 있고 천국이 있다면 세속의 기준으로 사람들의 천당행 지옥행을 가늠한다는 것이 과연 가능한 일일까 싶다.

그만큼 사람들은 저마다의 가치관에 따라 자신에게 이익이 되는 방향으로 셈을 하고 평가를 하고 판단하여 의사결정을 하게 되기 때문이다. 그래서 세상의 모든 것과 모든 사람들은 나의 스승이고 내가 존재하게 하는 소중한 것들이라고 생각하기에 감사하고 고마워하지 않을 일이 없다는 것이다.

물론 아무리 세상사가 그렇다 하더라도 내게 고마운 사람은 따로 있다. 나는 학지사를 세워서 대학교재 출판을 중심으로 경영을 하다 보니 참 많은 교수님들을 만났다. 단순히 내가 그동안 만나 뵌 교수님들의 수를 헤아려 본다면 수만 명은 족히 되지 않을까 한다. 그중에는 학지사와 좋은 인연을 맺어주신 분들이 참 많다.

특히 좋은 원고를 집필해 주셔서 학지사의 발전에 지대한 공헌을 해 주신 분이 있는가 하면, 학지사의 발전방향에 대해 아낌없는 조언을 해 주신 분들도 계셨다. 학지사라고 하면 무한히 신뢰하는 마음으로 지지하면서 어떻게 하면 좀 더 도움을 줄 수 있을까 고민해 주신 분들도 많았다. 한 분 한 분 다 성함을 거론하기에는 한이 없지만 그분들을 향한 고마운 마음은 늘 나의 마음속에 자리 잡고 있다는 말씀을 지면을 빌려서라도 전하고 싶다.

출판계의 원로 선배님들과 동료, 후배 출판사 대표님들과의 인연을 생각하면 마음이 설렌다. 가끔은 서로 좋은 책을 기획하고자 경쟁하기도 했지만, 출판계의 발전을 위한 일이라면 다 같이 팔을 걷어붙이고 힘을 모았던 일들이 생생하다. 지금은 디지털 시대로 접어들면서 불법복제 문제와 출판권을 인정받지 못하고 있는 「저작권법」에 대한 출판계의 고민 때문에 어제나 오늘이나 진전 없이 속만 끓이고 있다 보니, 이 문제만 생각하면 안타깝고 속상할 따름이다. 디지털 환경에 점점 잠식되어 가는 상황에서 우리 출판계가 갈 길을 잃고 출판에 대한 마음까지도 접고자 하시는 선배님들을 보면 속이 상하지만 더욱 분발해야겠다며 마음을 다잡곤 한다.

 출판은 내가 선택한 일 중 가장 귀한 일이라고 생각해 왔고, 다음 생에 또 태어난다 하더라도 나는 책 만드는 일을 업으로 삼겠다는 생각이 굳건하다. 출판이라는 업 자체의 효용성도 크지만 나의 신념체계와도 잘 맞는 일인 것 같다.

 인류문명은 출판을 통해 창조되고 계승되고 발전되어 왔다고 해도 과언이 아닐 것이다. 출판은 인류의 문명사뿐만 아니라 정신세계를 이끌어 왔다. 우주로 향하는 인류의 꿈을 실현하는 연구의 토대를 제공하였고 진화시켰다. 인류의 미래라고 할 수 있는 아이들의 꿈이 자라도록 하는 자양분이 되어 주었고, 아이들 교육의 원천을 제공해 준 것도 바로 출판이었다. 이처럼 귀하고 귀한 일이 출판인데 쉽게 포기하고 접을 일은 아닌 것이다. 물론 출판의 모습은 변화하는 세상의 이치에 따라서 함께 변화하고 진보되어야 한다. 그래야만 시대정신을 담을 수 있고 세상의 변화를 리드해 갈 수 있다. 이를 위해서는 출판기업의 경영철학도 현재를 조망하며 끊임없이 일신되어야 한다.

학지사 창립 30주년을 맞이하면서 머릿속을 스쳐가는 여러 감회와 소회를 정리해 보고 싶다는 생각을 하였다. 책 만드는 일을 업으로 삼아 온 나이기에 방법 또한 자연스럽게 책이라는 매체를 선택하게 되었다.

출판을 가장 귀하게 생각하고 업으로 살아온 사람이지만 한 권의 책으로 집대성해야 할 만큼 거대한 담론을 가지고 집필을 시작한 것은 아니기에, 책을 낸다는 일이 다소 부담스러운 측면이 없는 것도 아니었다. 하지만 출판인의 이야기를 출판인의 언어로 담아내는 가장 적절한 방법은 역시 책만 한 것이 없다는 생각에 용기를 내어 이 한 권의 책에 그동안 내가 출판인으로 살아온 삶의 자취를 되돌아보며 앞으로 남은 삶을 어떻게 잘 살아가야 하는가에 대한 고민을 함께 담았다.

출판인이기에 책을 쓰는 일이 손쉬운 일일 거라고 생각하기 쉽지만, 막상 글을 쓰려고 하니 그동안 그렇게 많은 교수님들의 원고를 보며 품평했던 내 자신이 부끄러워지고 송구해짐을 느꼈다. 글을 쓰는 일은 책을 만드는 일과는 분명히 다른 또 다른 영역이라는 사실을 새삼 깨닫게 된다.

책을 만드는 일은 기왕에 완성된 원고를 잘 다듬어서 정성껏 제작을 하면 되었지만, 책을 쓰는 일은 내 마음속 생각을 찾아 끄집어내어 적절한 언어로 표현하는 것이다 보니 생각처럼 쉽지 않았다. 말로써 내 이야기를 풀어낼 때는, 밤새 술잔을 기울이다 보면 소설책 몇 권의 분량이라도 쏟아낼 수 있을 거라고 말하곤 했는데 글로 옮겨보려고 하니 창작의 단내가 입안에 가득 배어나오는 경험을 하였다. 그동안 출산과 같은 고통으로 집필하신 원고를 학지사에 쾌척해 주신 여러 교수님들께 이 지면을 빌려 고마운 마음을 전한다. 원고를 정해진 기간까지 보내 주지 않으신다고 재촉전화를 자주 드렸던 일들도 너그러이 용서해 주시기를 바라는 마음이다.

나는 학지사가 100년 기업으로 영속되기를 바란다. 100년 기업이라 함은 물리적 시간으로서의 100년만을 의미하지 않는다. 한 기업이 100년이라는 시간 동안 영속하며 성장할 수 있다는 것은 끊임없이 혁신하며 시대정신을 조망하고 기업경영 철학을 일신해 왔다는 것을 의미한다. 학지사가 꿈꾸는 100년 기업은 한 세대가 다 이루어 낼 수 없는 역사다. 지금 우리 세대의 손을 거치고 또 다음 세대로 이어지고 이어져야만이 가능한 일이다. 지금까지 학지사의 발전을 견인해 주셨던 많은 분들이 계셨듯이 앞으로 남은 70년을 채워내기 위해서는 또 다른 여러분들이 100년 기업 학지사의 계승자가 되어 주어야 가능할 것이다.

　나는 100년 기업으로 우뚝 설 수 있는 학지사의 미래를 위한 초석을 튼튼하게 다지는 일에 남은 생을 바치려 한다. 지금까지 학지사를 이끌어 오면서 운도 참 좋았던 것 같다. 운도 준비된 사람에게 오는 것이라고는 하지만 내가 꼭 필요로 할 때마다 주변에 좋은 인연이 나타나서 곁에 있어 주었다. 거듭 감사드린다. 학지사라는 기업을 통해서 인연이 되신 모든 분의 가정에 평안과 행운이 늘 함께하시길 기원한다.

　　　　　　　　　　　　　　　　　　2022. 5.
　　　　　　　　　　　　　　　　　저자 김진환 씀

차례

📖 프롤로그: 책 만드는 일은 세상에서 가장 귀한 일이다 _ 5

1부 가족
1. 김자수 _ 17
2. 초헌관 _ 23
3. 어머니 _ 29
4. 아내 _ 35
5. 형님 _ 42

3부 교류
9. 도쿄 _ 75
10. 옌벤 _ 84
11. 몽골 _ 93

2부 나눔
6. 감사 _ 51
7. 봉사 _ 57
8. 포상 _ 64

4부 건강
12. 골프 _ 103
13. 수상스키 _ 111
14. 테니스 _ 119
15. 산행 _ 125

5부 경영	16. 학지사 _ 137 17. 심리학 _ 146 18. 북아현동 _ 152 19. 서교동 _ 159	7부 화두	25. 비빔밥 _ 205 26. 학습조직 _ 212 27. 호기심 _ 219 28. 경영화두 _ 227
6부 학문	20. 책 _ 169 21. 배움 _ 176 22. 정범모 _ 182 23. 교수님 _ 187 24. 대중화 _ 194	8부 출판	29. 강희일 _ 235 30. 단체장 _ 242 31. 저작권 _ 248 32. 전자책 _ 256

에필로그: 나는 다시 태어나도 책 만드는 일을 하고 싶다 _ 263

나는 책을 만드는 사람입니다

1부
가족

1. 김자수
2. 초헌관
3. 어머니
4. 아내
5. 형님

1 김자수

　자녀가 결혼상대자를 소개하면 어느 집안의 자손인지를 묻곤 한다. 어른들이 이런 물음을 던지면 자녀들은 금방 뾰로통해져서 지금이 조선시대냐고 반문한다. 양반과 상민을 엄격하게 구분짓던 조선시대의 신분차별적 발상에 대한 반론이라고 나도 족히 이해한다. 요즘 같은 시대에는 좀 더 나아가면 꼰대라는 낙인이 찍히기 십상이다. 디지털 시대, 인공지능 시대를 이야기하고 있는데 퇴행도 이런 퇴행이 없다 할 것이다.

　하지만 나는 지금의 시대는 '신독(愼獨)'이라는 말을 늘 가슴에 담아두고 성찰하며 살아가야 하는 시대가 아닌가 생각한다. 남의 허물에 대해서는 모두가 달려들어 인격살인에 가까운 비난을 쏟아내지만 정작 자신의 잘못에 대해서는 관대하기가 그지없는 사회다. 그래서 요즘 회자되는 말이 '내로남불'이다. 내가 하면 로맨스지만 남이 하면 불륜이라는 자기중심적 세계관에 푹 빠져 있는 요즘 사람들의 심리를 잘 대변해 주는 말이다. 신독은 현대인들에게 자기 자신을 돌이켜 보는 성찰을 통해서 남을 이해하고 사랑하게 할 수 있는 힘을 길러 준다.

나를 사랑하지 않는 사람은 남도 사랑할 수가 없다. 사랑은 자존감으로부터 비롯되기 때문이다. 자존감은 자신감이 충만하여 넘치는 상태가 아니다. 성경에도 '마음이 가난한 자는 복이 있나니……'(마 5:3-10)라는 구절이 있다. 마음이 가난하다는 것은 마음속을 내 생각으로 가득 채우지 않고 비워 놓아서 다른 사람들의 생각도 받아들일 수 있는 상태를 말한다. 현대인의 마음속은 에고(ego)로 가득 채워져 있어서 남의 생각을 받아들일 여유가 없다 보니 내가 옳고 너는 틀리다는 생각으로 살아간다. 그러다 보니 갈등이 많아지고 삶이 행복하지 않게 된다. 그래서 내가 행복하기 위해서는 나를 돌아보고 성찰하여 내 생각을 비워내는 신독의 자세가 필요하다.

조선시대의 선비들은 신독을 자기 자신의 인격과 체통을 지켜내는 보루로 삼아서 실천하기를 게을리하지 않았다. 자칫 양반들의 이런 행위가 좀 과하거나 위선적으로 행해지는 경우도 많아서 양반들의 삶이 희화화되거나 조롱거리로 전락하기도 하였다. 하지만 신독을 중시하는 선비정신은 조선을 지탱해 온 정신적인 버팀목이 되었을 뿐만 아니라 지금까지도 시대정신의 한 켠을 차지하고 있음을 부인할 수 없다. 선비정신은 나의 가치관 정립에 가장 큰 영향을 끼쳤고 지금도 내 마음속에서 작동하고 있는 내비게이션이다.

나는 어린 시절부터 집안어른들과 부모님께 양반의 품격을 떨어뜨리는 행위를 해서는 안 된다, 언행을 바로 하고 예를 잃어서는 안 된다는 이야기를 귀에 딱지가 앉도록 들었다. 그러면서 들려준 이야기가 경주 김씨 상촌공파의 파조이신 김자수 할아버지에 대한 일화다. 이성계가 조선을 건국하고 나서 태종대에 이르러 상촌 할아버지께서는 형조판서로 부임하라는 전갈을 받았다고 한다.

당시 정몽주가 태종 이방원의 회유를 거절하다가 선죽교에서 죽임을 당한 이후라 고려왕조의 신하들은 지방으로 낙향하거나 지조를 지키고자 하는 선비들은 두문동으로 들어가 은거하던 때였다. 하루 빨리 정권을 안정시키고 정권의 정통성을 확보하기 위해 인재를 두루 중용하고자 했던 태종 이방원은 회유와 강압으로 고려 신하들을 조정으로 끌어들이려 하였다. 태종은 부름에 응하면 높은 관직을 내려 주었지만 응하지 않으면 집안을 풍비박산 내던 때라 태종의 부름을 받은 상촌 할아버지의 고민도 깊을 수밖에 없었다.

벼슬을 받으면 고려를 향한 충절을 저버리는 일이 되고, 벼슬을 받지 않으면 집안이 무너지는 진퇴양난의 처지였기에 하는 수 없이 고향 안동에 낙향하였다가 한양으로 향하던 상촌 할아버지께서는 현재 태재로 추정되는 추령에 이르렀을 때 "나는 지금 죽을 것이다. 오직 신하의 절개를 다할 뿐이다. 내가 죽으면 바로 이곳에 묻고, 비석을 세우지 말라."라는 유언을 남기고, 이미 죽을 각오를 하고 준비해 온 독약을 마시고 스스로 목숨을 끊었다. 아드님 되시는 김근 할아버지께서는 상촌 할아버지의 명에 따라 이미 초상 치를 준비를 갖추고 뒤

'내 무덤에는 비석을 세우지 말라'는 상촌 할아버지의 유언에 따라 차마 비석을 세우지 못하였으나 효종대에 이르러 강빈의 억울한 죽음을 신원해 달라는 응지상소를 올렸다가 심문을 받던 중 사망한 학주 김홍욱 할아버지의 주관으로 비석을 세우지 말라고 하셨으니 눕혀 놓으면 된다고 의견을 모아서 신도비를 만들어 세우지 않고 눕혀 놓았다고 전해진다. 학주 할아버지의 자손 중에서 정승이 8명, 왕비가 1명 나왔고, 추사체로 유명한 추사 김정희도 배출되었다. 추사는 상촌 할아버지의 15대손이다.

를 따라오던 참이었다.

　상촌 할아버지께서 생의 마지막 순간을 맞이하고 묻힌 태재는 먼저 세상을 떠난 포은 정몽주의 묘에서 직선거리로 4km밖에 떨어지지 않은 곳이다. 포은 정몽주 묘가 있는 이곳에서 조선의 신하가 되느니 정몽주가 먼저 걸어 간 길을 선택하며 선비로서의 지조를 지키며 생을 마감한 것이다. 상촌 할아버지께서 죽음을 앞두고 남긴 절명사에는 그때의 절의가 생생하게 담겨 있다.

　　　平生忠孝意(평생충효의)　평생토록 지킨 충효
　　　今日有誰知(금일유수지)　오늘날 그 누가 알아주겠는가
　　　一死吾休恨(일사오휴한)　한 번의 죽음 무엇을 한하랴마는
　　　九原應有知(구원응유지)　하늘은 마땅히 알아줌이 있으리라

　이익 앞에서는 지조와 의리를 언제든지 헌신짝처럼 버리는 요즘에 한번쯤 읊조려 봄 직한 시다. 상촌 할아버지의 아드님이신 김근 할아버지께서는 모두 네 분의 아드님을 두셨는데 첫째 아드님 되시는 김영년 할아버지는 충북 영동으로 낙향하셔서 각계리에서 후학을 양성하셨는데 이 분이 바로 나의 20대조 직계 할아버님이다. 둘째 되시는 김영원 할아버지는 영조의 부마인 김한신과 영조의 계비인 정순왕후와

국구인 김한구의 직계 할아버님 되신다. 조선 최대 명필 추사 김정희도 바로 이분의 자손이다.

영동에서 배출된 유명한 인물로 꼽히는 분 중에 우리나라 3대 악성(樂聖)으로 추앙받는 난계 박연을 빼놓을 수 없다. 박연은 상촌 할아버지의 친누나의 아드님이다. 즉, 박연은 상촌 할아버지의 친조카이자 그의 문하생이기도 하였다. 나는 이런 인연으로 충북 영동에서 태어나 상촌 할아버지의 선비정신을 대대로 이어서 훈육받으며 자랐다. 그러다 보니 지체 높은 양반 가문의 자손으로서 무한한 자긍심과 함께 높고 높은 상촌 할아버지의 정신에 흠이 되지 않도록 해야 한다는 책무를 마음속 깊이 간직하고 살아야 했다.

지금도 내 마음속에는 상촌 할아버지의 선비정신이 살아 숨 쉬고 있음을 느낀다. 사람들은 요즘 같은 시대에 양반이 다 어디 있고 선비정신은 또 뭐냐며 시대에 뒤떨어진 사람 취급을 할지도 모른다. 하지만 내가 학지사라는 출판사를 만들어서 책 만드는 일을 하며 자긍심을 느끼고 이만큼이나마 회사를 키울 수 있었던 비결은 바로 상촌 할아버지께서 목숨을 바치면서까지도 지키고자 했던 그 선비정신에서 기인한다. 대를 이어오며 고스란히 물려받은 상촌 할아버지의 정신은 내가 사업을 하면서도 정도를 벗어나지 않게 하는 지침이 되었고 가장으로서의 본분사를 되새기게 하는 귀감이 되었다.

2 초헌관

　제사를 지낼 때 제관을 대표해 잔을 올리는 사람의 순서에 따라서 초헌관, 아헌관, 종헌관이라 부른다. 특히 초헌관은 그 제사에서 첫 번째 잔을 올리는 사람으로서 제사의 대표격인 사람이 맡도록 되어 있다. 국조오례의 규정에 의하면, 왕이 친제하는 제사인 경우에는 아헌관과 종헌관을 종1품 이상이 하도록 규정되어 있다. 사직에서는 영상이 아헌을 하고 종묘에서는 종친 가운데서 대군이 아헌을 하도록 되어 있다.
　시조 묘나 공신 묘 등에 대해서는 정부가 향과 축문을 하사하고 나라에 끼친 공로의 경중에 따라 지방 수령이 헌관을 대행하게 하거나, 자손 가운데 벼슬이 있는 자를 지명하기도 하였다. 사가의 경우도 제사는 국가가 정한 규정에 따라 시행되었는데, 문중마다 헌관의 선출 방법이 다르다. 선조 묘의 경우 종손의 초헌 원칙을 세우는 가문도 있고, 벼슬한 자를 우위로 보아 초헌이 되는 경우도 있다.

문중에서 가장 항렬이 높거나 나이가 많은 사람으로 초헌을 삼는 경우도 있어 그 사례가 일정하지는 않았다. 하지만 제사를 엄숙하고 정성스럽게 지내야 한다는 측면에서, 모인 제관 중에서 가장 인격자를 가려야 한다는 관념으로 여러 방법이 안출되었고, 모인 제관들이 그중에서 가장 편리한 방법을 택하였다(한국민족문화대백과, 한국학중앙연구원 참조). 따라서 초헌관은 까다로운 자격 조건에 부합하거나 자격이 된다 하더라도 문중 어른들의 선택을 받아야만 설 수 있는 자리였기에 개인적으로는 매우 영광스러운 경험이 아닐 수 없다.

왕의 제사를 주관하는 초헌관이 된다는 것은 더 말할 나위가 없다. 그런데 그런 제안이 내게 왔다. 경주에서 화랑유치원을 경영하면서 대학교수였던 집안 어른이기도 하신 김영호 교수님께서 나를 내물왕 추향대제 초헌관으로 추천해 준 것이다. 나와는 1,700년이 넘는 시간적 간극을 두고 있는 조상의 제사에 내가 초헌관이 되어 보는 일은 평생을 두고 흔하게 할 수 있는 경험이 아니다.

내물왕께서는 까마득히 먼 자손의 술잔을 받으시며 무어라 하실지 사뭇 긴장되고 설레는 마음으로 초헌관의 소임을 다하고 나니 다가올 미래를 살아가야 하는 마음가짐이 새로

워짐을 느낄 수 있었다. 미추왕은 김씨 성을 가진 신라 첫 번째 왕이고 내물왕은 김씨 세습왕권을 확립한 왕이다. 이후 내물왕부터 신라가 망할 때까지 김알지의 후손이 신라를 다스리게 된다. 김알지는 경주 김씨의 시조다.

　삼국사기에 의하면 탈해왕이 금성 서쪽 시림의 나무 사이에서 닭 우는 소리가 들려서 가서 살펴보게 하였더니, 금빛이 나는 작은 함이 나뭇가지에 걸려 있고 그 밑에서 흰 닭이 울고 있었다. 왕이 그 함을 열어 보게 하니 그 함 속에는 작은 사내아이가 들어 있었다. 사내아이의 용모와 자태가 기이하고 컸다. 왕은 '하늘이 나에게 귀한 아들을 준 것이 아니겠는가' 하며 사내아이의 이름을 총명한 아이라는 의미에서 '알지'라 하고, 금빛 궤짝 속에서 나왔으므로 성을 '김'이라고 했다. 또한 시림은 '닭 계(鷄)' 자를 써서 '계림'이라 하고 나라 이름으로 삼았다 한다.

김알지의 후손인 내물왕이 신라 17대 왕에 오르면서 김씨 세습왕조 시대가 시작된다. 일 년에 두 번씩 신라왕들을 기리는 춘계, 추계 향사가 열린다. 신라 시조 박혁거세를 기리는 숭덕전, 석탈해의 숭신전, 미추왕, 문무대왕, 경순왕을 모신 숭혜전 등 각 왕릉과 전각을 찾아가 제사를 거행한다. 특히 숭혜전 향사는 주요 김씨 왕들을 모시는 제사라는 점에서 경주 김씨 문중에는 특별한 의미가 있다.

숭혜전은 본래 경순왕의 위패를 모신 사당으로 지어졌으나 임진왜란 때 불에 타서 인조 대에 사당을 새로 지었고, 정조 대에 다시 현재 위치로 옮겨 지어 황남전이라 불렀다. 고종 대에 이르러 미추왕의 위패를 모신 후 이듬해 문무대왕의 위패까지 모시고 나서 사당을 크게 짓게 하고 숭혜전이라는 편액을 내려 지금에 이른다.

이처럼 춘계향사는 옛 조상의 얼과 위업을 기리는 뜻깊은 행사이자 우리 고유의 문화유산이다. 그런데 요즘은 제사를 지내는 문화가 언제까지 지속될 수 있을지를 비관적으로 바라보는 이들이 참 많은 것 같다. 우리 세대가 제사를 모시는 마지막 세대가 될 것 같다고 생각하는 사람도 많다. 그도 그럴 것이 저출산의 영향으로 자녀 수가 줄어들고 딸만 하나둘 정도 두는 가정도 많다 보니 아들을 두어 대를 잇게 한다는 의식이 희박해지고 있다. 또한 기독교를 믿는 사람들이 많아지다 보니 개신교를 중심으로 제사를 지내지 않는 것이 당연시되는 종교적인 측면도 큰 영향을 미치고 있다.

제사뿐만 아니라 옛것이 존중받지 못하고 문화로서 전승되지 못하여 우리 주변에서 사라지는 것들이 참 많다. 대표적인 예로 한자를 들 수 있다. 우리 민족은 한자문화권에서 오랜 세월을 살아온 터라 우리 글과 문학에서 한자가 차지하는 비중이 매우 큰데도 불구하고 효용성이 낮고 쓰기에도 불편하고 어렵다는 이유로 배우려 하는 사람들이 줄어들고 있다. 그러다 보니 우리가 일상적으로 쓰는 낱말의 뜻을 이해하는 데 어려움을 겪고 있을 뿐만 아니라 어휘력도 낮아지고 있는 실정이다.

한자는 언어로서의 기능뿐만 아니라 글자 속에 숨겨져 있는 뜻과 의미를 새겨봄으로써 수신하고 제가할 수 있는 교육적인 기능이 담겨져 있다는 사실도 간과하게 된다. 물론 한자가 중국문화권의 문자이다 보니 사대주의나 유교의 성리학적인 고리타분한 사상을 전파하는 도구라는 부정적인 인식이 없는 것은 아니지만 한자가 가지고 있는 순기능은 한자의 역기능을 훨씬 능가한다고 생각한다.

우리 조상은 신언서판이라 하여 글씨 쓰는 일 자체만으로도 수신을 하는 방편으로 삼아 서예를 통해 몸가짐과 마음가짐을 바로 해 온 전통이 있다. 제사도 물리적으로 불가피한 상황이 도래하면 다른 방식으로 추모를 대신해야겠지만 제사를 모시는 의미와 정신은 계승되어야 한다. 인류의 기원을 거슬러 올라가면 결국 한 뿌리에서 파생되었다는 것을 알게 된다. 하지만 우리나라처럼 자신의 성씨를 중심으로 뿌리를 좇아 조상들의 업적과 정신을 계승하고 발전시켜 온 문화가 현재의 대한민국을 이룬 근간이 되었음을 잊지 말아야 한다. 역사는 먼 과거의 일을 현재로 소환하는 일이 아니라 현재를 역사 그 자체로 만들어 가는 일이기 때문이다.

3 어머니

　나는 어머니를 일찍 여의었다. 내가 중학생이었을 때부터 어머니는 당뇨병을 앓으셨고, 스물한 살이 되는 해에 당뇨 합병증으로 영면하셨다. 어머니의 빈자리는 크게 느껴졌지만 막내였던 내 위로 나이차가 많이 나는 누님들과 형님이 계셔서 이분들의 따뜻한 보살핌으로 이후 시기를 무난하게 보낼 수 있었다. 그래서 60을 훌쩍 넘긴 나이이지만 아직도 누님들은 어머니처럼, 형님은 아버지처럼 느껴지기도 한다. 어머니는 항상 우리 형제들에게 우애를 강조하셨는데 유언도 형제간에 절대 싸우지 말라는 것이었다. 나는 지금까지 형님은 물론이고 누님들과도 다투어 본 적도 없지만 어머니의 뜻에 어긋나지 않도록 내 안의 신조처럼 지켜오고 있다.
　내가 중학교에 다니었을 때로 기억한다. 지금 생각해 보면 사춘기에 접어든 때문이었는지 몰라도 갑자기 왜 살아야 하는지, 나는 살 만한 가치가 있는 사람인지 대충 이런 생각들이 물 밀 듯이 밀려왔다. 아마도 그때 즈음해서 가까운 절의 스님이라도 뵙게 되었다면 지금 어느 절의 큰스님이 되어 있었을지도 모르겠다.

나는 어머니께 이렇게 말씀드렸다. "어머니, 저는 정말 이 세상에 쓸모가 없는 사람인 것 같습니다. 더 이상 살아야 하는 이유도 찾을 수가 없습니다. 그래서 저는 그만 살아야 할 것 같습니다." 내 말을 듣고 계시던 어머니는 "살 만한 가치가 없다면 죽어야지." 하며 무덤덤하게 말씀하셨다. 진짜 죽을 생각으로 말한 것은 아니겠지라고 생각하시며 하신 말씀이었다. 그러나 나는 그 말을 듣고는 너무나 섭섭하여 마을에서 가까운 금강으로 울면서 걸어갔다. 죽겠다는 결심을 행동에 옮기고자 깊은 물에 뛰어들려고 몇 번을 시도하였다. 하지만 이내 죽는 것이 두려워 결국 이런 생각을 포기하고 뒤돌아섰다. 때마침 소낙비가 세차게 내리고 날도 어두워져서 울면서 집으로 향하였다. 물에 흠뻑 젖은 채로 대문을 들어서는데 어머니와 맞닥뜨렸다. 어머니는 조용히 다가와 나를 꼭 끌어안아 주시면서 "우리 진환이가 왜 쓸모가 없어. 얼마나 귀한 아들인데…… 네가 없으면 하루도 살 수가 없어." 하셨다.

나는 지금도 어머니만큼 지혜로운 분이 없었다고 생각한다. 동네 어른들부터 친구들, 친척 또는 종친들까지도 어머니의 지혜로움과 훌륭함, 베풂을 이야기한다. 어머니는 내가 어렸을 때부터 우리 형제들에게 교훈이 되는 구전동화를 많이 들려주셨는데, 〈아침에 심어서 저녁에 따먹는 참외씨 이야기〉, 〈지성이와 감천이〉, 〈소대성전〉은 지금도 또렷하게 기억하고 있는 이야기들이다. 그리고 인내심이 강한 사위를 얻기 위해 서당에 오는 아이들에게 댑싸리 풀로 만든 쓰디쓴 국을 끓여먹게 하고는 쓴 국 한 그릇을 티내지 않고 다 비운 사람을 사위로 삼았다는 〈댑싸리국 이야기〉 등은 우리집에

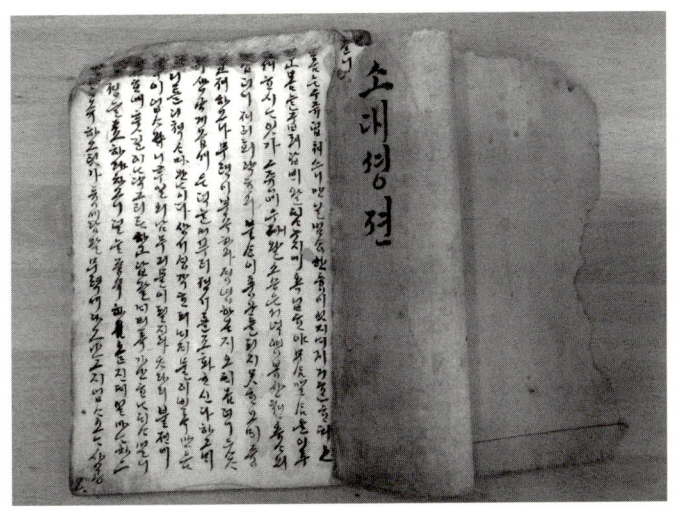

어머니께서 직접 필사하신 〈소대성전〉

만 구전으로 내려오는 세상에 없는 이야기다. 또한 '소대성'이라는 인물의 영웅적 일대기를 그린 〈소대성전〉은 어머니가 직접 필사하신 책으로도 남아 있어서 지금도 회사 내 방에 두고 가끔씩 꺼내 보곤 한다. 또박또박 정갈하고 고운 글씨체로 쓰인 필사본을 보면 어머니의 숨결을 느낄 수 있다.

나는 어머니로부터 예의범절과 인성, 올바른 처신 등에 관한 가르침을 받았다. 어머니는 항상 "너는 양반집 자손이니 행실을 바로 해야 한다. 손가락질 받는 짓을 해서는 안 된다."라고 말씀하시면서 신언서판(身言書判)을 강조하셨다. 신체를 바로 하고 말은 분명하게 하며 글씨를 잘 쓰고 사리 분별을 잘해야 한다고 거듭 말씀하셨다. 양반집 자손을 너무 강조하셔서, 나는 우리 집안이 우리나라에서 최고 양반 가문인 줄만 알고 살 정도였다. 또한 강단이 있어야 한다고 하셨는데 남자는 목에 칼이 들어와도 올바른 말을 해야 한다, 강직한 사람이 되어야 한다고 하셨다. 강직하기 위해서는 자기 스스로에게 엄격해야 하는 것이다. 누구에게든 어떤 경우라도 항상 떳떳할 수 있는 행동으로 조금도 실수를 해서는 안 된다고 하셨는데, 지금도 내가 남 앞에 서면 실수하지 않을까 조바심을 갖는 것은 강한 사람이 되기 위해 스스로가 완벽한 사람이어야 한다는 어머니 말씀의 영향이 큰 것 같다.

어머니는 결혼관에 있어서도 뼈가 되고 살이 되는 말씀을 많이 해 주셨다. "결혼하기 전에는 두 눈을 똑바로 뜨고 봐서 좋은 짝을 잘 골라야 하고, 결혼하고 나서는 좋은 것만 보고 모든 것을 이해할 수 있게 한 눈을 감고 살아라."라는 말씀을 곧잘 해 주셨다. 또한 "부부간에 말을 아껴서 해라. 칼로 베인 상처는 치유가 되지만, 말로 베인 상처는 치유가 될 수 없으니 아무리 심하게 싸워도 가슴에 상처가 되는 말은 절대 해서는 안 된다."라고 하셨다. 살아보면 살아볼수록 고개가 끄덕여지고 무릎을 탁 치게 만드는 말이다. 그래서 나는 주례를 선다든지 직원들이나 집안 조카들이 결혼해서 인사를 올 때마다 이 말을 빼놓지 않고 꼭 해 준다. 어머니의 말씀을 잘 이어받아 지금도 나는 아내에게 존대어를 쓰고 상스러운 말을 해본 적이 없다. 비록 어머니가 일찍 돌아가셔서 내가 결혼하는 모습과 며느리를 보지는 못하셨지만, 나는 어머니의 가르침대로 딱 맞는 아내를 찾았고 말의 무게감을 항상 생각하며 서로 존중하는 관계로 지내고 있다.

어머니가 살아계시는 동안 당뇨로 고생하실 때 어머니를 위해 좋다는 약초들을 산에서 잔뜩 뜯어다가 한솥 가득 끓여 드리며 정성을 다하였다. 그러면서 어머니가 얼른 쾌차하시기를 바라고 또 바랐지만 나의 바람은 끝내 사그라들고 말았다. 그나마 아버지는 어머니께서 내 곁을 지켜주지 못한 세월을 보상이나 해 주듯이 백수를 다 누리고 떠나셨지만, 어머니의 빈자리는 그 누구도 채워줄 수 없었다.

  어머니가 오래전에 돌아가신 탓에, 몇 년 전에 돌아가셔서 선산에 모신 아버님의 묘와 함께 모시지 못하여 아쉬움이 크다. 집안 문중 차원에서 조상님들의 산소를 모두 한곳에 모실 계획을 추진하고 있는데, 그때까지는 두 분을 불가피하게 따로 모셔야 할 것 같다.

  어머니와의 추억이 가득한 내 고향 충청도 영동의 구정 마을은 삼면이 산으로 둘러싸여 있고 산자락에 여러 가구가 옹기종기 모여 사는 인심 좋은 동네다. 옛 영동이건 지금의 영동이건 간에 내가 태어난 고향은 늘 나에게 평안을 주고 안식을 제공해 준다. 지금은 일가가 모두 그곳을 떠나와서 조상의 산소 외에는 특별한 연이 없는 곳이지만 아직도 묘한 끌림이 작용하는 것은 어머니와 함께했던 나의 어린 시절의 행복과 그리움이 그곳에 고스란히 남겨져 있기 때문이다. 아직도 고향 마을에는 100여 년간 살던 우리 가족의 집터와 농토가 그대로 남아 있다. 나는 집터에 새롭게 집을 지어 놓고 가끔 들러보곤 한다. 지금은 1년에 한두 번 방문하기도 어렵고 아이들에게는 벌레 많고 불편하기 이를 데 없는 집이지만, 나에게 그 집은 아마도 내가 살아 있는 동안은 영원히 내 마음속의 집으로 남아 있을 것이다. 영혼의 집이 있다면 바로 그곳이 나의 영혼의 집이 아닐까 싶다.

4
아내

    길을 가다 보면 가끔 노부부가 손을 꼭 잡고 서로를 지지대 삼아서 천천히 발걸음을 옮기는 풍경을 보게 된다. 서로가 넘어질세라 한걸음 한걸음 내딛는 폼새가 여간 조심스러운 것이 아니다. 요즘은 시골뿐만 아니라 도시에서도 노부부 단둘이서 노년을 보내는 경우가 많다. 그도 그럴 것이 요즘 젊은 세대들은 자기들만의 삶을 선호하고, 부모세대 또한 굳이 자식네 가족과 아웅다웅하며 살기를 선호하지 않는다고 한다. 오히려 자식들이 손주양육을 부탁할까 봐 부모들이 미리 선을 긋는 것이 요즘 추세라고 한다. 우스갯소리로 손주가 집에 찾아오면 예쁘지만 자기네 집으로 간다고 하면 더 예뻐 보인다고 하니, 부모세대도 자식세대 못지않게 부부간에 자유로운 노년을 즐기고자 하는 욕구가 강한 것 같다.

예전처럼 노인이라고 해서 지팡이를 짚고 다니는 할아버지 할머니가 아니고 은퇴한 젊은이와 크게 다를 바 없으니 노후도 여유롭게 즐기고 싶은 것이 당연한 이치다. 그렇다 보니 늙으면 자신과 함께 이야기 나눠 주고 의지할 사람은 부부지간뿐이라고들 말한다. 부부의 연을 맺고 한평생 동고동락하면서 험한 세상을 함께 헤쳐 나온 동지가 아니던가.

나도 집사람이랑 둘이 앉아서 지난 이야기들을 나누다 보면 지나 온 세월들이 꿈만 같고 찰나인 듯하지만 곡절도 많았고 함께 목젖이 보이도록 웃어 젖혔던 일도 많았던 것 같다. 이런 이야기들은 부부간이 아니면 서로 공감할 수도 없는 이야기들이다. 살다보면 부부간에 사별을 할 수도 있고 이별을 할 수도 있겠지만 질곡의 세월을 함께 보내며 쌓아온 추억과 기쁨과 보람을 함께 나눌 사람을 잃는다는 것이 가슴 아프고 슬프게 다가온다. 늙어지면 부부간에 추억을 소환하여 나누는 일을 소일거리 삼아 살아간다 하니 말이다.

자식한테 모든 것 다 내어주며 키워줘도 소용없는 일이라고들 한다. 자기들 스스로 잘 컸다 생각하고 어느 정도 나이가 차면 부모의 이야기는 잔소리라 치부하며 자기들의 방식대로 살아가길 원하는 것이 자식들이다. 그렇다고 심신이 건강하게 잘 자라서 일가를 이루는 자식들을 언제까지나 품안의 자식이라고 여기며 품고 살 수는 없는 일이니 둥지를 박차고 나가서 또 다른 세상의 주인공이 될 수 있도록 품을 열어 주어야 한다. 대신 언제까지나 내 옆자리를 지키며 혹여 넘어질세라 내 손 잡아 줄 아내에게 철지난 사랑이라 할지라도 더 늦기 전에 베풀려고 노력하며 살고 있다.

나는 중매결혼을 했다. 옛날에는 남녀가 서로 얼굴도 모른 채 시집장가를 와서 초례청에서 얼굴을 처음 보기도 하였다고 하니 요즘처럼 연애감정을 갖는다는 것은 쉽지 않았을 것 같다. 중매결혼도 어느 정도 서로의 처지나 알음알이를 통해 이루어지다 보니 이렇게 결혼을 하면 처음엔 애틋함이 없기도 할 것이다. 나도 소개를 받은 지 한 달 만에 약혼을 하고 그 뒤 20일 후에 결혼을 했으니 신혼 때는 서먹함이 없지 않았다. 하지만 나의 아내로서 세 아이의 엄마로서 내 곁을 지켜준 아내를 바라보면 고마움 그 자체다.

나는 신혼 초부터 성실한 남편이나 아빠는 되지 못하였다. 제주도로 신혼여행을 가서도 집사람을 호텔에 두고 대학교와 서점을 들러 영업을 했으니 말을 더 해서 무엇하겠는가. 지금 생각해 보면 그런 남편을 묵묵히 지켜봐 준 아내가 참 무던한 사람이었구나 하는 생각이 들어 미안하고 고맙다. 내가 서른에 결혼을 하고 서른여섯이 되는 해에 다니던 회사를 그만두고 바로 학지사를 창업했으니 여러모로 살림은 곤궁했었다. 지금에 와서야 드는 생각이지만 문체부 공무원으로

근무하고 있던 아내는 살림과 육아까지 전부 도맡아 했어야 했으니 얼마나 힘들고 고단했을까 싶다. 가정 살림이나 아이들을 돌보는 일은 모두 집안일이라 생각하고 나는 사업을 한답시고 주말도 없이 밖으로만 나돌았으니 원망도 참 많았을 것이다. 그럼에도 불구하고 이런 나를 한결같이 이해하고 내조해 주었기에 학지사라는 사업체를 이만큼이나마 일구었다고 생각한다. 사업이 다 뭐라고 그때라야만이 누릴 수 있었던 소소한 행복을 다 포기했어야 했나 싶기도 하다. 아마도 사업을 하는 모든 이들의 숙명 같은 멍에가 아닐까 한다.

나의 의식 속에는 육아는 당연히 아내의 몫이라는 생각이 자리 잡고 있었다. 그러다 보니 큰아이와 둘째에게는 지금도 많이 미안하다는 생각을 한다. 대부분의 신혼부부들이 그렇겠지만 나의 이런 성격탓에 아내 못지않게 두 아이에게는 특별한 관심도 시간도 충분히 할애해 주지 못했다. 아내는 직장생활을 하면서도 나의 이런 단점을 아무 말 없이 묵묵히 채워 주었다.

아내는 세 아이 육아를 홀로 담당하면서도 언제나 내 구두를 닦아주고 와이셔츠를 다려주는 일을 잊지 않았다. 뿐만 아니라 아무리 몸살이 나고 힘들어도 내게 있어 단 한 번도 아침밥을 거르게 한 적이 없다. 과장을 좀 보태자면, 아내는 아침밥을 굶게 하는 것은 범죄행위라고 생각한다. 이런 아내는 결혼 후 10년을 더 직장에 다니다가, 셋째 주훈이가 태어나면서 비로소 18년 근무한 직장을 그만두고 전업주부가 되었다.

아내와의 일들을 떠올리니 자연스레 장모님과의 추억도 떠오른다. 신혼 초에 회사 일로 바빴던 내게 그나마 다행이었던 것은 장모님이 우리집에서 함께 기거하시면서 아이들을 돌봐주셔서 한시름 덜 수 있었다는 것이다. 현재는 하나님 곁으로 가셔서 편히 영면하신 까닭에 그 은혜에 보답할 길은 없지만 지금도 장모님께 고마운 마음이 크다. 우리 아이들을 잘 돌봐 주셨기 때문만은 아니다. 나에게 이렇게 고마운 사람을 고이 길러 보내주셨기 때문이다.

함께 사시는 동안 나름대로 장모님께 마음을 다해 봉양해 드린다고 노력했지만 아이들에 대한 양육과 집안일을 부탁드린 처지였기에 늘 죄송한 마음이 더 깊게 사무칠 뿐이다. 그래도 장모님의 마지막 가시는 길을 많은 사람들 다 제쳐두고 배웅해 드린 사람이 바로 나라는 사실이 나에게는 얼마나 다행스럽고 고마운 일인지 모른다. 마지막 길을 떠나시기 전에 함께 오랜 시간을 보냈던 사위의 모습을 보면서 평안하게 영면하고 싶으셨나 보다 생각하니 당신의 온화한 성품이 그대로 마음속으로 전해 오는 듯하다.

장모님과 오랜 시간을 함께 보내다 보니 사연도 많고 에피소드도 참 많았다. 내게 착하고 고운 아내를 길러 보내주신 우리 장모님을 생각하면 우리 집사람의 현재의 모습들과 하나하나 오버랩이 되어 떠오른다. 예전에 혼담이 오갈 때면 반드시 뉘집 자손인지를 따져 묻던 어른들의 모습이 생각난다. 지금에야 어느 집안의 자손인지보다는 재산이나 학력, 직장 등의 조건을 더 앞세우지만 예전에는 뉘집 자손인지를 가장 우선순위로 쳤다. 그것은 아마도 나고 자란 삶의 환경 속에서 배우고 익히게 되는 생각과 관습과 가치관이 중요하게 평가받던 시대라 좋은 집안이면 으레 자손들의 교육도 잘 시켜서, 행동거지가 올바르고 예의범절이 잘 갖추어졌을 것이라는 기대에서 뉘집 자손인지를 먼저 따져 물었던 것이다.

    나는 장모님을 보면서 우리 집사람을 보았고 우리 집사람을 보면서 장모님의 온화한 성품을 느끼곤 했다. 이제 살림살이도 조금 여유가 생기고 아이들도 자기 앞가림을 할 수 있는 나이가 되었으니, 아내가 좀 더 자신만을 위한 삶을 즐기며 건강관리 잘 하면서 지내주었으면 하는 바람이다. 또 그러라고 자주 이야기를 해 주지만 몸속에 밴 습관은 쉽게 바뀌지 않는 것 같다. 여전히 알뜰하고, 자신만을 위해 시간을 할애하고 투자하는 일에는 여전히 서툴러 보인다.

    나 또한 예전에 내가 아내에게 못 해 주었던 일들을 충분히 다 챙겨주지 못하고 있는 것 같다. 가끔 아내와 여가 시간에 골프를 치려고 하는데 생각해 보니 1년에 한두 번 정도에 불과한 것 같다. 아내는 그나마도 자신과 함께 라운딩할 기회가 생기면 오히려 직원들이랑 한 번 더 하시라고 권하곤 한다. 대한민국에서 사업하는 남편들치고 백점짜리 남편이자 아빠가 몇이나 될까 싶지만 백점짜리 아내를 둔 남편도 그리 많지는 않을 것이다. 하지만 나는 내 아내에게 백점을 주고 싶다. 그동안 내가 아내에게 다 채워 넣지 못한 점수를 아내에게 모두 돌려주고 나는 빵점 남편이 되어도 좋다. 내 아내는 그럴 만한 자격이 충분하기 때문이다.

5 형님

옛날 예산 지방에 이성만과 이순 형제가 살았는데, 이들은 홀어머니를 모시고 살면서 홀어머니 봉양은 물론이고 형제간에 우애도 남달랐다고 한다. 어머니가 돌아가시자 형제는 3년상을 정성껏 치르고 난 뒤에 부모님의 재산도 똑같이 나누었고, 동생은 분가하여 한 마을에서 함께 살았다. 두 형제는 아침 일찍 들에 나와 밤늦게까지 부지런히 일하다 보니 항상 다른 사람들보다 더 많은 벼를 거두었다고 한다.

그러던 어느 날 밤, 형이 생각하기를 동생이 새로 살림을 시작해 형편이 어려울 테니 좀 더 보태줘야겠다고 생각하고 볏단을 져다가 아우네 볏단 위에 몰래 쌓아놓고 왔다. 아우도 형님네는 식솔이 많으니 도와드려야겠다고 생각하고 형님댁 볏단에다 자기네 볏단을 가져다 쌓아놓고 왔는데 줄지를 않아 서로 이상하게 생각했다. 다음 날 밤, 형이랑 아우는 서로 몰래 볏단을 쌓아놓으러 가다가 마주쳤고 왜 볏단이 줄지 않았는지 알게 되었다. 의좋은 형제는 서로 손을 잡고 기쁨의 눈물을 흘렸다고 한다.

초등학교 국어 국정교과서에 실렸던 '의좋은 형제' 이야기다. 이 이야기는 실존 인물의 일화를 동화로 엮어 초등 교과서에 실은 것이다. 후일담에 의하면, 조선 조정에서는 이들 형제의 우애를 높이 사서 효제비를 내렸는데 예당저수지를 만들면서 수몰되었다가 1978년 극심한 가뭄으로 저수지 물이 빠지면서 발견되어 의좋은 형제가 실존 인물이라는 것이 밝혀졌다고 한다. 예산에 가면 이들 형제의 이야기를 기린 의좋은 형제 공원이 조성되어 있다.

나에게도 이런 형님이 한 분 계신다. 내가 학지사를 창업했을 때 모든 것이 불투명한 상황이었지만 형님은 하시던 일을 접고 내 사업을 도와주셨다. 형님은 당시 비교적 중견기업이라고 할 수 있는 회사에서 회계와 경리 부분을 담당하여 빈틈없이 일처리를 하기로 정평이 나 있었다. 또한 가까운 인척의 회사에 몸담고 있었을 때도 오차가 발생하지 않도록 꼼꼼하게 업무를 처리하셨을 뿐만 아니라 단 1원도 사적으로 유용하는 일이 없도록 자신에게 매우 엄격하고 철저하신 분이었다. 그렇다 보니 주위 분들에게 형님은 '김장환'이라는 이름만으로도 믿음과 신뢰감을 주는 사람이었고, 이 시대의 마지막 선비 같은 분이라는 평을 받았다. 그런 형님이 당시 동생이 차린 신생 출판사에 업무를 도와주겠다고 오셨으니 나에게는 참으로 고맙고 감사한 일이 아닐 수 없다.

학지사가 조금씩 성장해 가고 나의 활동반경이 넓어지면서 회사 내부적으로 챙겨야 할 일들도 하나둘 늘어갔다. 특히 넉넉하지 않은 자금관리에서부터 체계적인 회계나 세금관리 등의 업무는 안정되기까지 적잖은 시간이 필요했다. 회사의 규모가 점점 커지면서 늘어나는 인력 수요를 충당하고 물류관리의 효율성을 제고하기 위해서 사옥이나 창고의 필요성이 절실해졌다. 이때 형님은 "김 사장은 이런 일에는 신경 쓰지 말고 시간을 아껴서 교수님 한 분이라도 더 만나라."라고 하시면서 내 일을 거들어 주셨다.

형님은 항상 "최종 의사결정은 김 사장의 몫"이라고 하면서 어떤 사안이 되었든지 간에 당신이 독단적으로 처리하는 일 없이 반드시 절차를 거쳐 나의 의사결정에 따라 업무를 처리하곤 하셨다. 내게는 여덟 살 터울의 형님이시고 인생의 연륜도 깊고 회사 경험도 나보다 훨씬 풍부하신 분이었지만, 나의 생각과 판단을 우선시하여 의사결정을 존중해 주셨다. 학지사에 합류하시어 20년이 넘는 시간을 함께해 주셨으니 이제는 당신의 생각을 주장하실 법도 하지만 지금도 일

처리 방식에는 조금도 변함이 없다.

　사업을 하다 보면 누군가 내 마음을 잘 이해하고 곁에서 든든하게 뒷받침해 줄 수 있는 사람이 반드시 필요하다. 회사의 규모가 크지 않을 때라면 혼자서도 이것저것 직접 다 할 수 있겠지만, 규모가 커지고 직원 수가 많아지면 다른 사람의 조력 없이는 기업을 운영하는 것이 거의 불가능하다. 그렇다 보니 어느 회사든지 각각의 분야에서 사장을 대신하여 역할을 해 줄 수 있는 사람이 필요하다. 형님은 내가 해야 할 매우 중요한 부분을 나와 같은 생각으로 직접 알아서 정리해 주시니, 그 시간만큼 나는 외부 업무에 좀 더 집중할 수 있었다.

　기업경영에서 투자는 매우 중요한 영역이다. 좋은 사람을 채용하여 더 나은 역량을 갖춘 인재로 키워가는 사람에 대한 투자도 있고, 기업의 작업환경을 개선하는 인프라를 구축하는 투자도 있다. 이를테면 사옥을 마련한다거나 물류창고를 마련하는 일 등이 그렇다. 직원들이 여기저기 옮겨 다니지 않고 안정적으로 일할 수 있도록 특화된 적절한 크기의 공간 확보는 필수적이다. 공간이 확보되어야 필요한 인력도 채용이 가능하고 효율적인 업무수행도 가능해진다. 물류창고는 회사의 재화를 안정적으로 보관하는 기능을 하고, 원활한 유통이 이루어질 수 있도록 하는 시스템을 제공한다는 측면에서 매우 중요한 공간이다.

이런 인프라를 구축하기 위해서는 많은 자금이 필요한데 자금이 충분히 마련되어 있으면 아무런 걱정을 할 필요가 없겠지만, 그럴 수 있는 기업이 과연 얼마나 될까 싶다. 부지를 매입하는 일도 간단치 않다. 적합한 곳을 찾아야 하고 적합한 곳을 찾더라도 용도에 맞는 조건을 갖추고 있는지, 법적인 하자는 없는지 등을 면밀하게 살펴보아야 하는 일들이 한둘이 아니다. 이런 문제들을 잘 살펴두지 않으면 나중에 이러지도 저러지도 못하는 매우 곤란한 상황에 빠지게 되는 경우가 허다하다.

부지매입이 끝나면 건축하는 과정에서 맞닥뜨리게 되는 일들도 만만치가 않다. 건축과정에서 발생하는 일들에 대응하다 보면 본업은 잠시 접어두어야 한다. 건물 한 채를 짓고 나면 3년은 더 빨리 늙는다는 말이 괜히 생겨난 말은 아닐 것이다. 형님은 이런 부분을 굳이 내 손을 거치지 않더라도 문제가 발생하지 않도록 세심하게 살펴주었다. 지금까지 이런 부분에서 큰 문제가 발생하지 않을 수 있었던 것은 전적으로 형님 덕분이다.

형님은 회사의 대소사를 처리해 주시느라 거의 365일을 출근하신다. 물론 주말에는 출근하셔서 당신의 취미생활 중 하나인 서예활동을 즐기시기도 한다. 다양한 서체를 두루 섭렵하셔서 국전에 입선을 하신 적도 있을 만큼 서예 실력도 취미생활의 수준을 넘어선다. 직원들의 경조사나 집안의 대소사도 여전히 꼼꼼히 챙기신다. 내 형님이기는 하지만 가끔은 어렵게 느껴질 때도 있다. 자신의 행동 하나하나에 조금도 흐트러짐을 보이지 않으려고 하시기 때문이다. 나에게는 형님이시니 당연히 존중하며 예우해 드려야 하는 것이 맞지만, 형님이 나를 대하시는 모습도 내가 형님을 대하는 것과 조금도 다름이 없다. 형님은 동생을 존중하고 동생은 형님을 존중하니 우리 형제는 그 어느 집보다 우애가 돈독하다고 자부한다.

어머니께서 일찍 돌아가시면서 우리 형제들에게 남기신 말씀은 남에게 부끄럽지 않은 사람이 되고, 무슨 일이 있더라도 형제간에 우애하라는 것이었다. 주변을 보면 형제간에 반목하고 크게 다투는 경우를 종종 본다. 하지만 우리 형제는 어머니의 유언을 지금도 잘 지키고 있는 것 같다. 사업을 하는 사람들에게 가장 필요한 것 중의 하나가 늘 곁을 지켜주는 가족 간의 화목이라고 생각한다. 하지만 가끔 보면 내 가족에게는 소홀하면서 고객에게만 신경 쓰고 우선하려는 사람들도 있다. 그런 사람을 만나면 그 사람의 진정성을 의심하게 된다. 사람은 안에서든 밖에서든 한결같아야 한다. 사람의 성품이 둘이 아니기 때문이다. 나는 우리 형님과 마주하다 보면 이 시대의 마지막 선비의 모습을 떠올리게 된다.

나는 책을 만드는 사람입니다

2부
나눔

6. 감사

7. 봉사

8. 포상

6 감사

나는 아침에 눈을 뜨면 침대에 그대로 누운 채로 천장을 바라보면서 감사인사로 하루를 시작한다. '오늘 다시 새로운 하루를 맞이하게 해 주서서 감사합니다. 오늘 다시 즐겁게 일할 수 있도록 해 주서서 감사합니다. 오늘 다시 사랑하는 사람들과 함께 하루를 시작하게 해 주서서 감사합니다.' 날마다 거듭되는 나의 감사인사는 하루를 행복하게 맞게 해 주는 또 하나의 엔도르핀이다. 세상에는 감사할 것이 너무 많고 감사하지 않을 것이 없다.

탈무드에서 말하기를, '이 세상에 가장 지혜로운 사람은 누구인가? 어떠한 경우에도 배움의 자세를 잃지 않는 사람이다. 이 세상에서 가장 강한 사람은 누구인가? 자신과의 싸움에서 이기는 사람이다. 이 세상에서 가장 행복한 사람은 누구인가? 항상 감사한 마음으로 사는 사람이다.'라고 했다. 행복은 감사하는 사람의 것이라 했고 감사의 분량이 행복의 분량이라고 했다.

삶을 살아가는 일은 순리를 따르는 일이라고 생각한다. 순리를 따르면 저절로 행복해지고 행복은 또 다른 행복을 불러온다고 믿고 있다. 반대로 순리를 거스르면 불행해진다고 믿는다. 세상 사람들이 모두 알고 있는 평범한 진리이지만 사람들은 스스로 행복해지기를 갈망하면서도 선택은 늘 불행해지는 길을 우선하여 선택하곤 한다. 그것은 바로 사람들의 욕심 때문이다.

하나님이나 부처님 말씀을 되새겨 듣노라면 가슴에 감동이 전하여 오고 선한 삶을 다짐하게 되지만, 실천하는 사람이 적은 것도 바로 욕심 때문이다. 그러면 욕심을 가지지 않으면 행복해질 수 있는데 왜 다들 불행한 삶의 나락으로 떨어지는 욕심에 연연하게 되는 걸까? 욕심의 실체는 무엇일까 생각해 보면 지금 내가 가지지 못한 것이고, 지금 내가 가지고 싶어 하는 것이다.

그렇다면 아무것도 욕심내지 않고 아무것도 하지 않으면 저절로 행복해질 수 있나? 아니다. 선하게 생각하고 선하게 실천하면 된다. 이 일이 나만을 이롭게 하는 일이 아닌 모두를 이롭게 하는 일이면 되고, 이 일을 남에게만 시키지 말고 내가 먼저 실천하면 된다. 돈을 버는 것도 남의 돈을 내 돈으로 돌려놓는 것이 아니라 그 일의 부가가치를 높여서 나눔의 파이를 키워 함께 나누면 되는 것이고, 내가 남보다 더 움직이고 생각하고 연구하면 되는 일이다. 하지만 본능은 늘 반대로 움직이곤 한다. 귀찮은 일은 나보다 남이 해 주었으면 좋겠고 이익은 남보다 내가 더 많이 누렸으면 한다.

대다수의 사람들이 본능에 더 이끌리는 사회는 행복지수가 낮을 수밖에 없다. 반면, 대다수의 사람들이 선의지에 더 이끌리는 사회는 행복지수가 높을 수밖에 없다. 봉사를 하다 보면 분명히 나 자신에게 이롭고자 한 행동이기보다는 다른 누군가를 위해서 한 행위이고, 남들이 즐겨서 하는 행위이기보다는 하기를 꺼려 하는 행위이다. 하지만 내가 봉사를 실천했을 때 내가 더 큰 행복감을 느끼는 이치가 이와 같다.

사업을 어떻게 봉사활동에 빗댈 수 있느냐고 말할 수도 있다. 사업은 누군가와 하나의 동일한 이익을 두고 늘 경쟁해야 하고, 내가 가져오지 못하고 빼앗기면 나는 패배자가 되는 속성이 있기 때문이다. 하지만 사업에 있어서도 파이를 좀 더 키우는 일에 집중하고 파이의 질적인 향상에 관심을 기울인다면 비단 경쟁이라는 말 외에 또 다른 말로도 설명될 수 있다고 생각한다.

낮은 단계의 서비스를 두고 다툰다면 경쟁의 법칙이 적용

되겠지만 차원을 한 단계 더 높여서 제품을 생산하고 서비스 한다면 같은 영역에서 동종의 서비스를 두고 경쟁한다고 하**더라도** 서로 다툴 일은 없어지지 않을까 생각한다. 경쟁상대는 상대방이 아니고 바로 나 자신일 뿐만 아니라 나 자신의 역량과의 싸움이기 때문이다.

 누군가를 이기고 무너뜨리기 위해서 경쟁하기보다는 나 자신에게 부끄럽지 않은 제품을 만들어서 고객이 신뢰할 만한 기업으로 성장해 간다면 사업하는 사람에게 이보다 더 보람되고 행복한 일은 없다고 생각한다. 우리나라 굴지의 기업들을 일구어낸 정주영 회장님, 이병철 회장님과 같은 분들의 업적을 높이 평가하고 존경하는 이유가 바로 여기에 있다. 우리나라가 전쟁으로 피폐해져 있을 당시 우리나라의 국력으로는 할 수 없었던 일에 관심을 가지고 민간 차원에서 이루어 냈을 뿐만 아니라 나라의 경제 부흥에 많은 기여를 해 왔기 때문이다. 그분들은 국내 다른 기업을 무너뜨리고 자신들이 그 위에서 승자가 되는 구도를 원하지 않았다. 지금 우리에게 없는 영역에서 우리에게 꼭 필요한 것들을 만들어 내서 국민들의 삶과 국가의 경제 부흥에 앞장서 온 것이다.

 선하고 행복한 삶은 날마다 감사하는 마음으로부터 비롯된다고 생각한다. 주변을 되돌아보면 지금 나 자신의 삶이 행복해지도록 도움을 주고 있는 이웃들이 너무나 많다. 아침 단잠을 자고 일어나 현관문만 열어 보아도 쉽게 알 수 있다. 신선한 우유가 배달되어 있고, 조간신문이 배달되어 있고, 아침식사 준비할 찬거리가 배달되어 있고, 어제 주문한 물건이 배달되어 있다. 대문 밖을 나서면 밤새 나의 안전을 지켜준 경비원 아저씨의 고단한 수고가 고맙고, 상쾌한 환경을 선물하기 위해 새벽녘 이른 아침에 수고해 준 미화원 아저씨의 흔적이 여기저기에 남아 있어 고맙다.

내가 잠들어 있는 동안에도 이토록 수많은 사람들이 나의 행복한 삶을 위해서 수고해 주고 있는데 어찌 감사하지 않을 수 있겠는가. 그래서 나는 눈을 뜨면 주문처럼 늘 감사인사를 한다. 나보다 먼저 일어나 나의 아침 출근길을 준비해 주기 위해 구수한 냉이 된장국을 끓여두고 기다리는 아내에게 고맙고, 나의 열정과 에너지를 쏟을 수 있는 회사가 있어 감사하다. 이 세상에 살아 있는 것만으로도 참 고마운 일이라는 것을 알아도 우리는 충분히 행복해질 수 있다.

감사할 줄 아는 삶은 행복하다. 감사하다는 것은 내 곁에 고마운 사람이 있다는 이야기다. 내 곁에 고마운 사람이 있는데 행복해하지 않을 이유가 없다. 고마운 사람은 멀리에 있지 않다. 항상 바로 내 주변이 아니면 전화 수화기 바로 너머에 있다. 결코 멀리에 있지 않다. 그런데 사람들은 쉽게 발견하지 못하고 그냥 스쳐서 지나가 버리곤 한다. 다시 만나도 알아차리지 못하는 경우도 있다. 나의 교만함이 내 눈을 가리기 때문이다. 봄꽃처럼 살포시 다가오는 감사는 순전한 내 마음이 가장 먼저 알아차린다.

7 봉사

　기업의 목적은 이윤추구에 있다는 것은 누구나 주지하고 있는 사실이다. 하지만 기업이 돈 버는 일에만 집중하다 보면 사회적으로나 환경적으로 요구되는 기업의 역할을 외면하기 쉽다. 그래서 요즘은 기업의 명성관리 차원에서 ESG 경영에 관심을 갖는 기업이 많아지고 있다. ESG 경영은 Environment, Social, Governance의 머리글자를 딴 이름의 경영방식으로 친환경, 사회적 책임, 투명한 경영을 표방하고 있다. 기업의 지속가능한 성장을 달성하기 위하여 재정적인 목표와 별개로 비재무적인 지표를 경영에 반영함으로써 기업의 가치를 높이고 사회적 기업으로서의 이미지 제고를 목적으로 하고 있다.

　소셜 미디어 환경이 발달하면서 이제는 소비자의 손끝에

서 권력이 나오는 시대로 변화되었고 기업에 대한 소비자들의 평가는 매우 중요한 영역으로 자리 잡아 가고 있다. 요즘 소비자들은 구매를 결정할 때 기업이 제공하는 제품정보보다는 이미 제품을 사용해 본 다른 소비자들의 평가를 더 중시하는 경향이 뚜렷하다. 그러다 보니 제품 자체의 특성이나 장점보다 소비자들에게 더 좋은 품평을 받기 위해 더 많은 비중을 두고 노력해야만 하는 시대가 된 것이다. 브랜드 전략을 수립할 때도 소비자들이 인식하고 있는 기업의 이미지는 곧 브랜드의 가치로 인식되기도 한다.

기업은 명성관리 차원에서 기업의 사회적 책무를 강조하는 CSR 경영에도 많은 관심을 기울이고 있다. CSR 경영은 기업의 이미지를 제고하여 시장 점유율을 높이고 수익을 향상시켜서 환경을 생각하는 사회적 기업으로서의 책무를 다하는 착한 기업이라는 이미지를 강화하는 것으로 소비자권력 시대에 대한 대안으로 도입되고 있다. 하지만 아직 출판계에서는 CSR을 경영에 도입하여 적극적으로 활용하고 있는 경우가 드물다. 그만큼 출판계의 경영방식이 아직도 열심히만 잘하면 된다는 인식에 머물러 있는 것은 아닌가 싶다.

사실 출판계에서 ESG나 CSR 같은 개념은 낯설고 생소하기까지 하다. 이런 것은 대기업에서나 관심을 가질 문제이지 우리 같은 영세 출판사에게 이런 것들이 가당키나 한 일이냐고 면박 당하기 십상인 이야기들이다. 하지만 이제는 출판계에서도 좀 더 적극적으로 ESG 경영이나 CSR 경영을 도입해야 할 때가 되지 않았나 싶다. 소비자가 권력인 시대를 살면서 이들을 외면하면서 성장하는 산업이 되기를 바라는 것은 무망한 일이기 때문이다. 우선 대표님들이 쉽게 할 수 있는 작은 일부터 시작해 보았으면 한다.

최근에 자신이 평생 모은 전 재산을 장애인단체에 기증하고 살던 집 전세 보증금까지 기증하며, 장애인단체 시설에서 40년 동안 봉사해 온 남한산성 김밥 할머니 박춘자 어르신의 사연이 화제가 된 일이 있다. 할머니는 어머니를 일찍 여의고 아버지와 함께 살면서 배가 고파서 힘들던 시절에 돈이 생겨 먹을 것을 사먹어 보니 정말로 행복했던 감정을 잊지 않고 평생 어려운 이웃을 돕게 되었다고 한다. 이런 이야기를 접하면 나눔은 물질적인 부유함에서 비롯되는 것이 아니라 마음의 부유함에서 시작된다는 사실을 깨닫게 된다.

사람들은 자신의 의지와 상관없이 몸에 장애를 갖게 되기도 하고, 부모를 여의고 홀로 살아야 하는 운명에 내몰리기도 한다. 가진 것이 부족하여 궁핍한 삶 속에서 가난을 대물림하며 살아야 하기도 한다. 이런 분들의 사연을 들으면 저절로 안타까운 마음이 생겨나지만 불행한 삶을 사시는 분들이라고 단정하기는 어려울 것 같다. 박춘자 할머니처럼 곤궁했던 자신의 처지를 발판 삼아 삶을 개척하고 남을 위해서 기부하고 봉사하는 사람들도 많기 때문이다. 흔히 마음이 부자인 사람들이라고 지칭하는 분들이 바로 이런 분들일 것이다.

기업인은 기업의 이윤을 창출해야 하는 사람들이다. 기업이 돈을 벌어야 우선 직원들 급여도 줄 수 있고 기업을 성장시켜 갈 수도, 국가경제에도 기여할 수도 있다. 하지만 우리나라는 돈을 많이 벌어야 하는 기업인을 부정적으로 보는 시선이 존재한다. 돈을 많이 버는 일을 능력의 척도이자 성공의 상징으로 여기는 미국의 문화코드와는 전혀 딴판이다. 가난한 사람은 선하고 부유한 사람은 탐욕스럽다는 기계적인 도식으로 세상을 바라보려는 경향이 우리 사회에는 상존하고 있는 것이다. 하지만 국가의 복지사업도 국민의 세금을 바탕으로 이루어진다. 특히 큰 기업일수록 더 많은 세금 부담을 하며 국가의 복지정책의 근간을 지원해 주고 있다.

문제는 가난한 사람이든 부유한 사람이든 간에 선의지를 실천하고자 하는 나눔의 마음이 얼마나 간절하고 진실한지의 여부가 아닐까. 돈보다는 마음의 크기가 중요하고 선의지의 유무가 재화의 가치를 가늠하는 척도가 되어야 한다. 나는 그 시작은 '봉사'에서 비롯되어야 한다고 생각한다. 봉사는 내가 아닌 내 밖의 누군가를 향해 있는 마음이고, 남이

아닌 나의 실천이 수반되는 행위이다. 하지만 봉사에는 기쁨과 행복을 남과 내가 공유하게 된다는 행복 공유의 법칙이 존재한다.

나는 서울대 CEO 인문학 최고위과정 동기들과 함께 이미란 목사님이 운영하는 양평군 강하면 전원교회에서 10년째 자장면을 만들고 있다. 아무리 바쁜 일정이 생기더라도 매월 마지막째 주 수요일에는 이 봉사활동에 꼭 참여하고 있다. 매달 자장면을 기다리는 장애우들을 생각하며 준비하는 것이다.

다섯 명의 동기들이 참여한다고 해서 우리는 자칭 '독수리 오형제'라고 부른다. 지구를 지키는 일까지는 아니더라도 이들의 마음속 소우주는 우리가 지켜줄 수 있지 않겠냐는 소박한 소망이자 형제지간의 정을 나눈 사람들처럼 돈돈한 우의를 지켜나가자는 바람을 담고 있기도 한 작명이다. 이곳에 가면 우리들은 모두 자장면을 만드는 요리사로 변신한다. 아침 9시에 만나 양파와 감자, 호박, 당근을 다듬어서 먹기 좋은 크기로 썰고, 돼지고기를 볶은 뒤 모든 재료를 한데 섞어 자장과 함께 볶는다. 그리고 큰 솥에는 맛있는 수육도 준비한다. 다 만들어진 음식을 들고 우리는 양평 전원교회에서 30분 거리에 있는 장애인복지시설 '로뎀의 집'으로 향한다. 여기에는 50명의 중중 장애인이 있는데, 이들에게 자장면은 먹고 싶어도 시설까지 배달이 잘 되지 않아 평소에 쉽게 먹을 수 없는 음식이었다. 우리는 이 시설에 종사하는 20여 명의 직원들 분량까지 더해 총 100인분의 자장면을 만드는데, 12시 점심시간에 늦지 않도록 정말 정신없이 만들어 가지고 달려간다. 우리가 만든 자장면을 맛있게 먹어주는 모습을 보면 아침부터 고생했던 수고로움이 눈 녹듯이 사라진다.

흔히 봉사는 누군가를 돕는 일이 아니고 나 자신을 돌아보는 일이고, 되레 그들에게 행복이라는 선물을 받게 되는 일이라고들 한다. 정말 그 말 그대로 소중한 선물을 받게 되는 일이 분명하다. 한때는 회사에서도 직원들이 자체적으로 봉사동아리를 결성하여 의정부의 한 보육원에서 봉사활동을 하였고 회사 차원에서 이를 지원해 준 일이 있었다. 그런데 해당 보육원의 경영이 어려워져서 원생들이 모두 지방으로 내려가는 바람에 봉사활동이 중단되어 아쉬움이 크다. 직원들도 오랫동안 함께 이야기를 만들어 온 그들에 대한 정이 너무 깊었던 탓인지 활동을 이어갈 다른 곳을 찾지 못해 아쉬워했다.

처음에는 그냥 어려운 사람을 도와주는 것이 봉사라고 생각하지만 그들과 많은 시간을 함께하다 보면 자식이 되고 형제가 되면서 가족이 되어 가는 일인 것 같다. ESG 경영이니 CSR 경영이니 어려운 말처럼 들리지만 실은 개인적으로 봉사하는 마음과 크게 다르지 않다. 기업도 하나의 인격체라는 의미에서 법인이라고 부른다. 그렇게 하나의 인격체로서 똑같이 이웃을 대하며 다 함께 손잡고 교류하고 나누며 살면 되는 것이다. 우리 출판계도 ESG 경영과 CSR 경영 방식을 적극적으로 도입하여, 영세 기업군이 아닌 시대와 함께 발맞춰 나가는 기업군으로 남을 수 있는 길을 모색해야 할 때다.

8 포상

요즘은 초·중·고를 졸업할 때 학생 개개인의 특성을 고려하고 학교생활을 하는 동안 학생이 참여했던 특별활동을 평가하여 개별 맞춤형 상을 만들어 준다고 한다. 그러다 보니 전교생이 모두 상을 하나씩 받게 하는 학교도 있다고 한다. 수시전형에 맞게 평가하는 구조를 만들다 보니 그럴 수도 있겠다 싶지만 어쨌든 긍정적으로 평가하고 싶다. 공부가 조금 부족하다고 할지라도 인성이나 재능까지 성적이 뛰어난 학생보다 못하리라고 단정할 수 없기 때문이다. 공부 쪽으로 재능이 있는 친구가 있는가 하면, 공부 외 다른 분야에서 특별한 재능을 보이는 학생도 많다. 그런 학생들을 격려하고 재능을 칭찬해 주면 나중에 사회에 나가서 또 다른 영역에서 큰 역할을 해낼 수도 있을 것이다. 칭찬은 고래도 춤추게 한다고 하지 않았던가.

내가 초·중·고를 다니던 시절에는 학년이 마무리될 즈음이면 우등상장과 개근 또는 정근상장을 주었다. 물론 모두에게 준 것은 아니고 학업성적이 우수한 학생에게는 우등상장을 주었고, 하루도 결석하지 않은 성실한 학생에게는 개근상장, 3일 이내로 결석한 학생에게는 정근상장을 주었다. 상품으로는 국어사전이나 영어 콘사이스를 주었다. 간혹 노트나 학용품을 주기도 하였다. 이 두 상의 가치를 두고 우열을 논했던 일이 생각난다. 그때 당시 학창시절에 상을 받는 일은 요즘처럼 흔치 않은 경험이었기에 어린 마음에 상을 받는 일은 세상을 다 가진 듯한 큰 자긍심을 심어주기에 충분한 일이었다.

나는 학지사를 운영하면서 출판산업 발전에 기여한 공로로 여러 차례 정부 포상을 받았다. 가장 최근에 받은 것은 중소기업중앙회의 추천으로 받은 대통령 표창이다. 중소기업을 일구어 일자리를 창출하고 경제발전에 기여한 공로를 인정받아서 받게 된 표창이다.

나는 우스갯소리로 우리 학지사는 보건복지부장관 표창을 받아야 한다고 이야기해 왔다. 그도 그럴 것이 우리 회사에 입사한 선남선녀들은 입사하자마자 결혼하는 직원들도 많고 또 결혼을 하고 나서 얼마 지나지 않으면 출산소식을 전해오곤 했다. 어쩌면 직원들 중에 선남선녀가 많으니 당연한 일인지도 모르겠다. 합계출산율이 0.84명(2021년 기준)밖에 안 되는 저출산 국가에서 학지사 직원들은 결혼도 잘하고 요즘 젊은 사람들이 꺼리는 출산도 잘 하고 있으니 감사하고 축복할 일임에는 틀림이 없다.

그런데 출산을 하게 되면 출산휴가 3개월을 다녀오고 나서 연이어 1년 동안 육아휴직을 시행하다 보니 소수의 특정 인원이 특정 업무를 수행해야 하는 중소기업의 특성상 여간 난감한 일이 아니다. 경우에 따라서는 한 부서에서 두세 명이 비슷한 시기에 출산을 하여 비슷한 과정을 겪으니 부서운영에 차질이 불가피한 경우가 발생하게 된다. 물론 요즘은 대체인력을 충원하여 해당 업무를 잘 처리하고는 있다. 하지만 대체인력을 채용하더라도 한시적으로 근무하는 직원과 호흡을 맞춰가기도 쉽지 않고, 적응이 될 만하면 복귀하는 직원에게 업무를 인계하고 계약을 종료해야 하니 이 또한 어려움이 있다.

그러나 우리처럼 학생들을 주요 고객으로 하고 있는 기업에서 인구감소에 따른 책임을 나눠 가져야 하지 않겠냐면서 직원들의 출산과 육아휴직에 보다 개방적이고 적극적인 방침을 세워 기왕에 출산하는 직원들이 부담 갖지 않고 휴가제도를 잘 활용하도록 조치해 주고 있다. 합계출산율이 1명도 되지 않은 우리나라의 현 상황을 생각할 때 저출산 문제는 사회·경제적으로도 매우 심각한 문제를 초래하므로 함께 머리를 맞대고 지혜로운 정책을 만들어 나가야 할 것이다.

현재 지방대학은 정원이 미달되어 학사행정에 어려움을 겪고 있을 뿐만 아니라 가까운 미래에 순차적으로 대학문을 닫아야 할지도 모른다는 위기감에 휩싸여 있다. 그래서 요즘처럼 아이 낳기를 꺼려하는 시대에 결혼도 잘하고 출산도 잘하는 우리 직원들에게 감사하는 마음으로 기꺼이 배려해 주고 마땅히 감당해야 할 일이라 생각한다. 정부에서도 이런 중소기업을 운영하는 대표들의 속사정을 보다 깊이 있게 헤아려 실효성 있는 적합한 정책을 만들어 시행해 주었으면 하는 바람이다.

사실 보건복지부장관 표창은 오래전에 수상하였다. 친구가 책임 맡고 있는 서대문구세군회관 내 복지시설에 꾸준히 관심을 기울이며 기부를 해왔더니 표창을 상신했다고 해서 부사장을 대신 보내 수상을 했던 일이 있다. 사회복지나 특수교육 분야의 책도 많이 출간하고 있다 보니 사회적으로 소외된 이들인 장애인들의 사연을 직접 대면하게 되는 경우가 종종 있다. 그러다 보니 사회복지시설이나 기관에서 양육되고 있는 이들에 대한 관심도 자연스럽게 많아지게 된다. 그래서 학지사에서 메인 분야로 출간하고 있는 심리학, 교육학

등의 도서를 통해서나 워크숍에 참여하는 센터 관계자들에게 학지사가 하고 있는 일들이 심리적인 어려움을 겪고 있는 분들에 대한 인식개선과 치료에 큰 역할을 하고 있다는 평가를 받을 때 큰 보람을 느낀다.

이화여대 특수교육과 이소현 교수님은 학지사의 대표적인 베스트셀러 저자이기도 하신데 발달장애인들의 재활뿐만 아니라 경제적인 자립을 돕는 '오티스타'라는 단체를 만들어서 활동하고 계신다. 이 단체에서는 발달장애인들의 미술작품을 각종 생활용품에 삽입하는 디자인으로 활용하여 이들의 재활과 정착을 돕는 활동을 하고 있다. 그래서 가끔 완제품을 직접 구매하여 학지사 고객들에게 선물로 드리기도 하고, 오티스타의 그림작품으로 책 표지를 만들거나 학지사 도서목록에 이 단체를 소개하는 광고를 실어 홍보해 드린 일도 있다.

심리학, 교육학, 사회복지학, 특수교육학 등 학지사에서 주로 출간하고 있는 분야의 도서들의 특징이 있다 보니 이렇게 사회적 약자나 소외계층들의 삶을 좀 더 직접적으로 이해하고 그들의 삶에 보다 가까이 다가가는 계기가 되고 있다. 학문은 현장과 함께 연결되어 그들의 삶을 지원하며 상호 교류할 때 학문으로서의 지위가 굳건해지고 살아 있는 학문으로서 성장해 갈 수 있는 토대가 마련된다.

문화체육관광부에서는 매년 출판단체들을 통해 출판유공자들을 추천받아서 포상해 오고 있다. 나도 문화체육관광부 장관상과 국무총리 포상을 받은 바 있다. 책 만드는 일이 좋아서 이를 업으로 삼아 40여 년 종사해 온 사람으로서 정부 포상을 받는 것은 상을 받는다는 본연의 의미 이상의 생각을 갖게 한다. 책 만드는 일을 통해서 출판업계, 나아가 국가사회에 긍정적인 영향을 끼쳤다는 방증이기도 하며 내가 좋아하는 일을 보람되게 잘 해오고 있구나 하고 스스로에게 던져 주는 위안이기도 하기 때문이다.

정부 포상이 대표자 개인의 업적을 포상하는 일이라면, 학지사가 해온 일에 대한 포상이라고 할 수 있는 것은 문화

체육관광부와 대한민국학술원에서 주최하는 '우수학술도서 사업'이다. 매 학기 불법복제로 어려움을 겪는 학술출판사들에 대한 지원책의 일환으로 시작된 사업이지만, 학술출판을 하는 출판사들에게는 각 출판사에서 출간한 책에 대하여 학문적 우수성을 평가받는다는 차원에서 출판사나 저자가 모두 매우 영예롭게 생각하는 사업이다.

학지사는 1992년 창립 이래로 지금까지 5,800여 종의 책이 출간되었고 이 중에서 220여 종이 우수도서로 선정되었다. 이 사업이 시행되면서 예산이 축소되기도 하고 여러 출판사에게 혜택이 돌아가도록 기계적인 룰을 적용하다 보니 본래 취지가 훼손되어 우수도서라는 이름에 걸맞은 선정에는 다소 빛을 바랬지만 출판인들에게는 여전히 영광스러운 일로 자리 잡고 있다.

  정부정책을 입안하시는 분들께서도 학문의 발전은 국가 대계의 근간이라는 사실에 이견이 없을 것이다. 아울러 학문의 근간은 출판으로부터 말미암음을 잊지 마시고 출판보국의 기틀을 다지는 일에 여념이 없는 출판인들을 격려하고 지원해 주시는 일에 소홀함이 없도록 관심 가져 주실 것을 요청드린다. 출판의 발전을 통해 학문과 문화가 발전하고 학문발전이 곧 K-Culture의 토대가 되었음을 정부당국은 상기해 주시기 바란다.

나는 책을 만드는 사람입니다

3부
교류

9. 도쿄

10. 옌볜

11. 몽골

9 도쿄

일본 도쿄에 있는 '의학서원'에서 학지사를 초청하여 다녀온 일이 있다. 일본에서는 출판인을 매우 우대한다고 한다. 그래서 예전에 실시했던 도쿄도서전에 참관하고자 공항에서 입국소속을 밟을 때 직업란에 출판인이라고 적으면 쉽게 통과시켜 주더라는 이야기도 종종 회자되곤 했다. 의학서원과의 인연은 의학서원에서 한국 담당자로 근무하고 있는 히사오 유하라 씨가 학지사를 방문하고 난 뒤부터 시작되었다.

히사오 유하라 씨는 개인적으로 한국문화에 대한 관심이 많다 보니 한국을 자유롭게 여행하고 싶다는 생각에, 유튜브를 통해 한국어를 독학으로 공부하여 원어민 수준으로 실력을 향상시킨 지한파였다. 자신의 한국어 공부법을 한국 방송에 출연하여 알린 바도 있다고 한다. 일본인을 만나다 보면 무엇인가를 하나씩 정해서 10년, 20년을 지속적으로 공부하고 있다는 사람들을 종종 접하게 되는데, 히사오 유하라 씨도 한국어를 공부한 기간이 20년이 넘었다고 했다.

일본은 업의 규모가 크든 작든 간에 가업으로 대를 이어가는 문화가 비교적 잘 발달되어 있다. 의학서원 역시 70년의 역사를 가진 일본에서도 제법 규모가 큰 의학서적 전문출판사다. 의학서원이 위치해 있는 주변에는 의학관련 대학과 의학관련 출판사들도 여럿 있다. 의학서원과 가까운 거리에 있는 진보초에는 일본의 대표적인 서점상 거리가 위치해 있다. 의학서원은 매우 정갈하게 잘 정리된 전형적인 출판사의 면모를 갖추고 있었다.

방문객을 맞이하고 의학서원에서 출간한 책에 대해서 설명하고 안내하는 모습들은 조금도 흐트러짐 없이 예의바르고 진지해 보여서 그들의 진정성을 느끼기에 충분했다. 주변 거리의 풍경은 드라마에서 본 예전 개화기 때의 모습과 현대적인 풍경이 잘 조화되어 있어서 무언가 모를 익숙한 느낌에 젖어들게 하였다. 점심식사를 위해 안내해 준 서양식 식당도 음식은 이태리의 풍미를 담고 있었지만 식당의 분위기는 일본이라는 나라에 와 있다는 사실을 잊지 않게 해주었다.

의학서원 방문 일정을 마치고 서점들이 모여 있는 진보초를 방문하여 주요 서점들을 둘러본 뒤 학지사에서 준비하고 있는 체험형 커뮤니티에 대한 이해를 돕고자 북카페를 겸업하고 있는 서점들도 살펴보았다. 가구라자카에 있는 고령자사회복지기관과 독립서점도 방문하여 보았는데, 요양원의 1층과 2층을 주민들이 커뮤니티 공간으로 이용할 수 있도록 제공하여 요양원 이용자와 일반 주민들이 지속적으로 연대의식을 가질 수 있도록 배려한 공간 이용이 매우 인상적이었다. 독립서점 역시 지역주민에게 도서관이자 주민들의 모임장소로도 제공되었고, 소규모 쇼핑몰도 겸한 커뮤니티 공간으로 활용되고 있었다. 신주쿠에 있는 기노쿠니야 서점은 예전에 종로에 있던 종로서점을 연상시키는 구조로 되어 있어서 조금은 더 친숙하게 느껴졌다.

   기왕에 도쿄에 온 김에 이곳의 역사와 문화에 대해 이해하는 시간을 가져보자는 취지로 도쿄에도박물관, 도쿄인쇄박물관, 에도성, 도쿄국립서양미술관을 방문하여 관람하였다. 도쿄에도박물관은 에도막부시대에 일본의 수도를 도쿄로 옮기고 나서 이루어진 도시건설에 대한 역사와 에도시대 때의 의식주 생활상을 담은 이야기들을 시대에 따라 잘 정리해 놓아서 도쿄의 변화상을 한눈에 이해할 수 있다. 도쿄인쇄박물관은 일본이 출판강국이 될 수 있었던 데에는 인쇄술뿐만 아니라 정밀한 인쇄기계를 제작할 수 있었던 기술이 밑바탕이 되었음을 짐작하게 했다. 에도성은 일왕을 호위하고

자 만든 성이라고 한다. 그래서인지 매우 견고하게 잘 조성되어 있었다. 우에노 공원에 있는 도쿄국립서양미술관은 가와사키조선소를 운영했던 마츠카타 코지로가 모은 개인 컬렉션을 중심으로 프랑스 건축가 르 코르뷔지에 의해 건립된 미술관인데 모네나 로댕과 같은 친숙한 작가의 수준 높은 작품들이 진열되어 있다.

도쿄 방문 기간 동안 통역과 안내를 도맡아 준 이는 10여 년 전에 학지사 편집부에서 근무했던 강물결 씨였다. 강물결 씨는 학지사에서 근무하다가 디자인을 좀 더 공부하고 싶다며 일본으로 유학을 갔었는데 정작 일본에 가서는 일본인들에게 한국어를 가르치는 강사로 전업을 하였다. 그렇다고

책에 대한 관심까지 버린 것은 아니어서 그림책을 좋아하는 사람들과 모임을 만들어서 진보초 서점가를 거점으로 지속적인 교류와 연구발표 활동을 하고 있다. 지금은 일본인 남편을 만나서 아들을 낳고 아예 일본에 정착하여 잘 살고 있다. 마침 연락이 되어 공항까지 직접 나와서 우리가 귀국하는 날까지 자신의 귀한 시간을 할애하며 애써 주었다. 10년이라는 시간을 사이에 두고 다시 만났지만 어제 본 사람을 오늘 다시 만난 듯했던 것은 학지사 근무시절에 나누었던 애틋한 정이 그대로 남아 있었던 까닭이 아닐까 싶다.

요즘은 코로나 팬데믹으로 인해 외국으로 나가서 국가 간이나 개인적으로 교류할 수 있는 기회조차도 봉쇄되고 있다. 그러다 보니 다른 나라와 문화를 교류하고 이해할 수 없게 되어 여러모로 불편하고 안타까운 마음이 크다. 출판은 대표적인 문화콘텐츠산업이라고들 말한다. 양질의 출판콘텐츠를 생산하기 위해서는 문화에 대한 이해나 지식도 풍부해야겠지만 문화예술 작품을 보고 느낄 수 있는 문화적인 감성이 기반되어야 한다.

빈센트 반 고흐의 〈별이 빛나는 밤에〉와 〈자화상〉을 바라보면서 예술가의 감성과 고뇌를 가늠해 볼 수 있어야 하고, 로이 리히텐슈타인의 〈행복한 눈물〉을 관람하면서 슬픔의 의미를 되새겨 볼 수 있어야 보다 좋은 콘텐츠를 생산해

낼 수 있다. 그래서 나는 외국에 나가게 되면 그 나라의 문화유산을 경험해 볼 수 있는 박물관이나 미술관을 꼭 방문하여 둘러본다. 시간을 초월하여 시대를 대표하는 명작들을 직접 대면해 볼 수 있다는 것은 큰 행운이 아닐 수 없다.

출판업을 하시는 분들을 만나 보면 어떤 분은 현안에 정신이 없다 보니 문화공연을 관람한다거나 유명 작가의 전시회에 가보는 일을 쓸데없는 일이라고 치부해 버리거나 자신은 그렇게 한가하지 않다고 대수롭지 않은 일 정도로 말씀하시는 분도 계신다. 하지만 나는 이런 분들에게 한 달에 한 번 정도는 전시회나 공연을 관람해 보실 것을 권해드리고 싶다. 피폐해진 땅에서는 새로운 생명이 싹을 틔울 엄두도 내지 못하듯이, 피폐해진 영혼으로는 직원들을 따뜻하게 대할 수 있는 여유도 나올 수 없을뿐더러 절대로 참신한 콘텐츠를 생산할 수도 없다. 우리 속담에도 있듯이 '콩 심은 데서 콩이 나고 팥 심은 데서 팥이 난다'. 인쇄기계를 돌려야 하는 공장에서 무슨 콘텐츠 타령이냐고 강변하실 분도 계시겠지만 기계를 돌리는 힘도 바로 콘텐츠에서 비롯된다는 사실을 잊지 마시길 바란다.

굳이 해외로 나가지 않아도, 전시회나 공연장에 가지 않아도 문화공연이나 예술작품을 접할 수 있는 기회는 무한대로 열려 있다. 온라인 접속을 통해서 접할 수 있는 모든 것들이 바로 그것이다. 유튜브, 넷플릭스, 텔레비전, 책 등을 통해 무수히 많은 문화콘텐츠를 접할 수 있다.

그냥 마음먹고 콘텐츠 소비자로서 방구석 1열의 주인공으로 관람만 하면 되는 세상이 열려 있다. 코로나 팬데믹이 가져다 준 비대면 언택트 시대의 산물들은 유용성에다 편의성까지 더해 주고 있다. 문화콘텐츠와의 접촉에 게으른 사람들의 핑곗거리를 원천적으로 봉쇄하고 있는 것이다. 이동 중에도 청취가 가능하고 어디에서건 혼자서 시청할 공간만 되면 그곳이 바로 공연장이고 전시회장으로 변모하게 된다.

출판은 비교적 보수적인 성향을 갖고 있다. 그러다 보니 변화하는 디지털 환경을 선도하기보다는 어쩔 수 없이 뒤따르는 경향도 없지 않다. 그래서 출판과는 전혀 상관성이 없을 것 같은 주변의 업종에서 출판시장의 콘텐츠에 지속적인 추파를 던지고 있다. 언제든지 냉큼 물어갈 기세다. 출판인들은 콘텐츠가 출판사의 전유물인 양 주인행세를 하려고 든다. 하지만 현행「저작권법」상 출판물의 진짜 주인은 저자다. 진짜 주인이 출판사에게 배타적으로 일정기간 대여해 준 권한이 출판사가 주장할 수 있는 저작권의 전부다. 계약기간이 끝나서 저자가 회수해 가면 그만인 것이다. 다만 저자가 저작권을 회수한다 하더라도 날것 그대로이기에 쓰이기가 어렵다. 콘텐츠라는 날것을 맛있는 요리로 만들어 내는 기술이 바로 출판사의 몫이지만 비출판인 셰프들도 종종 생겨나고 있다. 출판사 대표님들이 긴장해야 되는 이유다.

생각의 방향을 내 안으로만 향하게 그냥 두면 나는 에고이스트가 되기 쉽다. 생각의 방향을 밖으로만 향하도록 그냥 두면 나는 이상주의자가 되기 쉽다. 안과 밖의 생각들이 서로 왕래하면서 건강한 싹을 틔워가게끔 환경을 조성해 주어야 한다. 해외로 나가 다른 나라의 문화와 역사를 들여다보면서 나의 콘텐츠가 확장되고 성장해 갈 수 있도록 해야 한다. 적어도 출판을 문화콘텐츠산업이라고 굳게 믿고 있는 출판사 경영자라면 세상에 널려 있는 콘텐츠를 이해하고 콘텐츠에 다가가려는 생각과 자세가 남달라야 한다. 왜냐하면 출판산업은 양질의 콘텐츠를 생산하고 가공하여 유통시키는 책무를 맡고 있는 말 그대로 문화산업의 주체이기 때문이다. 일본은 지리적으로 우리나라와 매우 가까운 나라이기는 하지만 여러모로 많은 지점에서 대척점에 놓여 있는 나라다. 그럴수록 직접 대척점에 서서 그들의 문화에 직면해 보려는 노력이 필요할 때가 아닌가 싶다.

10
옌볜

옌볜 조선족 자치주는 약 80만 명에 달하는 한국계 중국인이 거주하는 중국 최대의 조선족 거주지역이다. 조선족의 인구비율은 약 36%에 달한다. 고대에는 부여와 북옥저, 고구려, 발해의 영역이었다. 우리나라의 영토가 한반도로 축소되면서부터는 두만강을 사이에 두고 교류도 많았지만 역사적인 부침도 많았던 지역이다. 고구려가 나당연합군에게 패망하고 나서 고구려 계승을 표방한 대조영에 의해 발해가 건국되었을 때는 발해의 중심지가 되기도 하였던 곳이다. 하지만 이 지역은 한반도에 변고가 생기면 한반도 거주민들이 자의 반 타의 반으로 강제 이주를 하게 되거나 잠시 몸을 의탁하던 아픔을 간직하고 있는 곳이기도 하다.

병자호란 때에는 강제로 끌려와서 자유인이 될 수 있는 납

입금을 내지 못해 이곳에 머물게 된 이들이 있었는가 하면, 기근이 심하여 일시적으로 이곳으로 이주하는 이들도 있었다. 한일합방으로 국권이 상실된 1910년부터는 일제에 의해 위안부나 노동자로 끌려와서 강제로 거주하게 된 이도 있었다. 김좌진 장군이나 홍범도 장군처럼 일제의 눈을 피해 독립운동을 하고자 이곳으로 모여든 이들도 있었다. 1945년에 해방을 맞이하자 이곳에 살던 조선인 216만 명 중 약 절반인 100만여 명이 귀국하였지만 귀국할 방법이 없던 116만 명은 중국 소수민족 중의 하나인 '조선족'이라는 이름으로 중국에 남겨지게 되었다.

중국에 남겨진 채 국적을 상실한 이들은 대한민국이나 북한 어느 곳으로도 돌아갈 길이 막혀서 북한이나 대한민국에 이주하는 것은 매우 힘들었다. 다행히 1992년에 한중수교가 이루어진 이후부터는 재외동포비자로 대한민국으로 건너와 정착하거나 취업하는 일이 가능해지게 되었다. 우리나라와 왕래가 자유로워지자 조선족 부부 중 한 명은 한국으로 돈벌이를 나오게 되는 일이 많아졌다. 조선족들은 한국으로 나와서 돈을 벌면 옌볜으로 돌아와서 보다 풍요로운 삶을 영위하게 되기를 꿈꾸었지만, 장기간의 한국생활로 인해 가치관의 변화로 부부간의 갈등이 발생하여 이혼하는 경우가 급격하게 늘어나면서 사회문제화되기 시작하였다.

그러다 보니 조손 가정이나 편부모 가정이 늘어나고 자녀들의 양육과 교육 문제가 발생하고 청소년의 일탈이나 심리적인 문제가 옌볜에서도 한국과 똑같은 양상으로 출현하기 시작하였다. 이에 따라 옌볜 교육당국에서는 초등학교 교사들을 선발하여 한국에 보내서 청소년 상담 및 심리치료에 대한 연수를 받고 와서 교육현장에서 활용하도록 하는 정책을 수립하여 실시하였다. 옌볜 교육정책 당국에서는 아무래도 중국보다는 한국이 심리학이나 상담학에 대한 이론적 체계나 치료기법이 잘 정립되어 있어서 교사들을 한국에 파견하여 연수하게 하는 것이 훨씬 효율적이라고 판단하였던 것이다.

제주대학교에 재직하셨던 허철수 교수님이 이들의 연수를 담당하여 지속적으로 실시하면서, 관련 도서를 출판하고 있는 학지사에도 도움을 요청하셔서 우리와 연이 닿게 되었다. 허철수 교수님은 옌볜을 방문하여 부모교육과 교사대상 상담교육을 실시하였는데, 이것보다는 교사교육이 좀 더 효과적이라는 생각에 옌볜시 교육청에 제안을 하여 교사 30명씩을 선발한 뒤 제주대학교에서 '전문상담교사 교육과정'을 들을 수 있도록 하셨다. 한 달간의 숙식비용, 교육비용은 제주대와 허 교수님을 비롯한 여러 교수님들의 무료 봉사로 이루어졌다. 연수생들이 교육을 마치고 옌볜으로 돌아가는 귀국길에 학지사에 들러서 다양한 종류의 관련 책들을 소개하고 증정해 주었는데 연수생들은 신문물이라도 접하는 듯 책 욕심을 많이 내었다. 각자 원하는 책들을 고르는 대로 기증을 해 주자 착하고 순진한 아이처럼 좋아하던 모습이 눈에 선하다. 그런 그들을 바라보노라면 뿌리를 같이 하는 민족의 연대의식과 보람을 함께 느낄 수 있었다.

제주대학교에서 연수를 받고 학지사를 거쳐 간 옌볜의 교사들은 각자 소속된 초등학교로 돌아간 후 여러 차례 옌볜으로 우리를 초대해 주었다. 그런 인연으로 나는 학지사 직원들과 옌볜을 여러 차례 방문할 수 있었다. 옌볜의 중심가는 한국의 중소도시를 떠올릴 만큼 반듯한 도시의 면모를 갖추고 있었지만, 외곽으로 조금만 벗어나면 우리나라 70, 80년대의 유원지나 농촌 모습을 그대로 연상시킬 만큼 옛 풍경을 완연하게 간직하고 있었다. 중국과 두만강을 사이에 두고 국경을 이루고 있는 도문에 가면, 북한을 자유롭게 왕래하면서 교역을 하는 조선족 사람들을 자주 접하게 된다. '북한' 하면 금단의 땅으로 인식하고 있는 우리들에게는 다소 의아스럽게 여겨지는 풍경이었다. 마치 휴전선을 자유롭게 오가는 새들을 바라보며 느끼는 감회처럼 분단의 아픔이 지긋이 느껴지는 장면이었다.

중국과 북한 사이를 가르며 흐르는 두만강의 강폭이 그리

넓지 않은 지점도 많아서 헤엄쳐 건너면 금방이라도 다다를 수 있을 만큼 지척에 북한땅이 있다는 사실도 잘 믿겨지지 않았다. 이곳에 오면 민족의 통일도 요원한 일만은 아닌 것 같다는 생각도 드는데 현실은 분단 이래로 서로 강경하게 으르렁대며 대치하는 상황이라 안타깝게 느껴졌다. 한국방문객들이 즐겨 찾는 곳 중의 하나가 옌볜 시내에 있는 북한식당이다. 음식이야 한식의 범주를 크게 벗어나지 않지만 북한당국이 외화벌이 차원에서 운영하는 곳이라 북한에서 직접 파견된 종업원들의 공연을 볼 수 있고 한국방문객들에게 특히 친절하게 대하는 모습이 인상적이었다.

  한국사람들이 옌볜에 가면 호기심 어린 마음으로 북한식당을 방문하게 되는데, 이는 아마 같은 민족이면서도 마치

다른 민족을 대하는 것 같은 생경함 때문에 이곳을 찾게 되는 것이 아닐까 싶다. 북한식당에서 식사하는 도중 교사들의 연수에 도움을 주어 고맙다는 인사차 옌볜 부시장이 동석하여 자리를 함께해 주었다. 중국의 자치주 운영은 보통 공산당원인 한족이 당연직으로 시장을 맡고, 소수민족 대표가 부시장을 맡는 체제로 운영된다고 한다. 중국에서 모든 사람이 공산당원이 되는 것은 아니고 일정한 자격을 갖춘 사람만이 공산당원이 될 수 있기에 이들은 공산당원이 되는 것을 매우 영예로운 일로 여겼다.

식사가 진행되는 도중에 마침 오늘 옌볜시에서 운영하는 극단에서 공연이 있다며 극단 책임자에게 전화를 걸어서 우리 일행이 가겠다고 하니 우리가 도착할 때까지 공연 시작을 보류시켜 주었다. 한국에서는 쉽게 접할 수 있는 상황이 아니었지만, 공연을 관람하게 해 준 그 자체보다 우리에게 고마운 마음을 갖고 보답하려는 것이 느껴져서 행복하게 공연을 즐길 수 있었다.

중국 옌볜에 거주하는 사람들의 특징 중의 하나가 누군가에게 신세를 지면 어떤 식으로든 보답을 하려 한다는 것이다. 일전에 옌볜에서 대를 이어 한의원을 운영하는 집안의 아이가 틱장애가 있었는데 한국에 보내서 치료하려고 한다는 부탁을 받고 의사를 소개해 주고 숙박과 안내를 지원해

준 적이 있었다. 한국지리를 낯설어 하기에 직원을 통해서 한국 체류 기간 동안 차량 지원도 해 주었더니, 우리가 옌볜을 방문한다는 소식을 듣고 찾아와서 1박 2일 동안 직접 운전하며 백두산 관광에 어려움이 없도록 지원해 주었다. 덕분에 삼대가 덕을 쌓아도 구경하지 못한 사람이 천지라서 천지라고 한다는 백두산 천지의 우아한 자태를 볼 수 있었다.

옌볜 사람들의 또 하나의 특성은 음주문화에서 보인다. 술자리가 마련되면 그날 제일 먼저 건배 제의를 하는 사람이 호스트이다. 호스트가 제일 먼저 건배 제의를 하면 그다음부터는 차례대로 돌아가면서 건배 제의를 하는데 잔에 담긴 술을 남기지 않고 다 마셔야 하는 것이 예의라고 한다. 만약 술을 다 마시지 않고 남기면 상대방이 오해할 수도 있으니 술을 잘 못하는 사람은 사전에 양해를 구해야 한다. 중국술은 대체로 도수가 높아서 술이 약한 사람들은 몇 순배가 돌기 전에 정신을 잃게 되기도 하는데 끝까지 잘 버텨내면 그 다음 계약은 큰 무리 없이 진행될 수 있다고 한다. 중국에서는 어느 정도 술 실력이 있어야 사업도 잘할 수 있다. 아마도 '관시'라고 하여 관계를 중시하는 문화가 중국인의 의식 저변에 크게 자리 잡고 있는 때문인 것 같다.

  내가 책 만드는 일을 하게 된 인연으로 옌볜이라는 먼 곳에 사는 우리 조선족 동포에게 도움을 줄 수 있는 기회를 얻게 되었고, 그 도움을 계기로 서로 마음을 교류할 수 있는 참 좋은 인연을 맺게 되었다. 우리 민족이면서도 중앙아시아나 사할린, 일본 등 해외로 강제 이주되어 귀국하지 못한 채 이방인으로 2세대, 3세대를 이어가며 살아가고 있는 이들이 아직도 많이 있다. 우리 민족이면서 정체성을 부정당하는 것만으로도 억울한데 조선족이라고 하면 부정적인 이미지를 먼저 떠올리게 된다. 이것은 조선족을 영화나 소설에서 부정적인 소재로 많이 활용하는 데 따른 이유가 클 것이라 생각한다. 다시 생각해 보면 조선족의 역사는 우리 민족이 힘이 약해질 때마다 변방으로 내몰린 이들의 슬픈 이야기이자 현재 진행형으로 이어지고 있는 현실 속의 이야기들이다.

그들의 삶의 터전인 옌볜에서 목격한 또 하나의 장면은 그들이 자녀교육에 쏟는 열정이 우리 못지않게 강렬하더라는 것이다. 우리 민족은 일제강점기 때도 그랬고 한국전쟁 때도 그랬듯이 국가의 상황이 어려울수록 다음 세대를 위한 교육에 더 열정적으로 힘을 쏟곤 했다. 지금 이 순간보다 내일을 준비하며 오늘의 어려움을 희망으로 승화하며 살아온 것이다. 옌볜에 거주하는 조선족들의 삶의 연원을 살펴보면 우리 민족의 아픈 역사와 마주하게 된다. 이방인처럼 한국인도 아니고 북한인도, 그렇다고 중국인도 아닌 그들의 정체성은 우리가 함께 보듬어 주고 우리 안에 간직해야 할 역사이자 함께 그려 나가야 할 미래의 영역이 아닐까. 중국은 동북공정을 통해 우리의 역사를 빼앗아 가고 있다. 조선족이 중국 소수민족 중에 하나임을 내세워 우리의 문화까지도 자신들의 문화로 예속시키고자 하는 시도를 멈추지 않고 있다. 우리가 조선족에 보다 큰 관심을 기울여야 할 이유는 차고도 넘친다.

11 몽골

몽골여행은 한국인들에게 매우 인기가 좋다고 한다. 드넓은 초원에 대한 동경과 초원을 무리지어 다니는 양떼와 함께 말을 타고 이동하며 게르에서 생활하는 몽골인들의 유목문화는 색다른 볼거리를 제공해 주기 때문이다. 이정표도 없이 끝을 가늠할 수 없는 초원 사이로 계획 없이 그려진 듯한 찻길을 따라서 달려가다 보면 양도 만나고 낙타도 만나고 마을도 만나게 되는 풍경이 무척 이채롭다. 게르에서 숙박하면서 밤하늘을 올려다 보면 수많은 별들 사이로 휙휙 내달리는 유성이 그려놓은 몽골의 밤하늘 풍경은 지금 내가 우주의 한복판에 서 있는 듯한 착각을 불러일으킨다.

몽골은 우리나라와도 매우 밀접한 관계를 맺어 온 나라다. 몽골 북쪽 러시아와 접경지역에 위치한 바이칼호를 우리 민족의 시원이라고 일컫는 사람들도 있다. 몽고반점은 우리 민족을 증명하는 증표처럼 여겨지기도 한다. 하지만 몽골이 원제국을 이루었을 당시 우리나라를 점령하여 많은 상흔을 남기기도 하였다. 지금은 오히려 우리나라에서 몽골을 지원해 주는 다양한 사업이 진행되고 있는데, 역사의 아이러니라고 할 수 있을 것 같다. 살아 있는 모든 것들에게는 생로병사가 있듯이 한 나라의 흥망성쇠도 이와 크게 다르지 않은 듯하다.

몽골은 세계사에서 가장 넓은 영토를 지배했던 나라다. 그 당시 아시아와 유럽을 넘나들며 천하를 호령하던 원제국을 건립했던 사람이 바로 칭기즈칸이다. 알렉산더 대왕이 348만㎢, 나폴레옹이 115만㎢, 히틀러가 219만㎢이었지만 칭기즈칸은 무려 777만㎢에 달하는 영토를 지배했다. 찬란한 역사와 문화를 꽃피웠던 제국도 아니었고 땅이 비옥하여 많은 인구가 거주하던 나라도 아니었다. 가도 가도 허허벌판뿐인 몽골이 아시아와 유럽을 아우르는 드넓은 지역을 지배할 수 있었던 것은 칭기즈칸이라고 하는 리더가 있었기 때문이다.

칭기즈칸은 북쪽 변방의 부족 출신으로 태어났지만 뛰어난 리더십으로 부족을 통합시키고, 중국을 비롯한 동아시아를 아우른 다음, 마침내는 유럽 대륙까지 진출한 전무후무의 세계사를 장식한 영웅이었다. 칭기즈칸이 세계사에서 가장 넓은 영토를 점령하고 지배할 수 있었던 이유는 많겠지만, 나는 그중에서도 그가 가장 중요하게 여긴 부족 간의 강한 믿음과 결속 때문이 아니었나 생각한다. 몽골 유목민이 척박한 환경을 극복하고 넓은 지역에 분포된 부족들끼리 경쟁하면서도 공존하기 위해서는 부족 상호 간의 신뢰와 협력이 절대적으로 필요했던 것이다.

칭기즈칸은 전쟁에서 승리하면 전리품을 공동 몫으로 두고 공의 정도에 따라 공동분배하였다. 전리품을 두고 아군끼리 다투거나 불신하여 조직이 와해되는 일을 사전에 차단하려 한 것이다. 조직 공동의 목표를 달성하기 위해서는 외부 경쟁상대와의 일전에서 승리하는 것도 중요하지만, 내부 결속이 우선해야 하는 중요한 이유이기도 하다. 전쟁에서는 승리했지만 내부 분열로 조직이 와해된다면 승리의 의미는 사라지게 되는 것이다. 칭기즈칸은 약속을 어기면 중형에 처했지만 어쩔 수 없는 상황에서 저질러진 실수나 잘못은 바로 용서했다. 칭기즈칸은 부족장이나 씨족장을 우대하던 유목민 특유의 전통을 깨고 능력을 우선하여 인재를 기용함으로써 군사조직을 강화하였다.

몽골군의 가장 큰 강점 중의 하나로 꼽는 것은 기동성이었다. 말안장 안쪽에 마른 고기를 매달고 다니면서 즉시 요리

가 가능한 샤브샤브와 같은 음식으로 식사를 해결함으로써 기동성을 높였던 것이다. 몽골군은 특정 지역을 점령하면 투항하는 나라에게는 자치권을 인정해 주었지만 항거하는 나라는 초토화시킴으로써 상대국이 전의를 상실하여 투항을 하게끔 유도하였다. 점령한 나라의 문화와 자치권을 인정해 줌으로써 이들 나라를 다스리기 위해 많은 에너지를 쏟아야 할 필요가 없었던 점은 몽골이 넓은 영토를 효율적으로 다스릴 수 있는 기반이 되기도 했다. 경영학의 관점에서 보면 역할의 위임권을 적절히 잘 활용한 예라고 볼 수 있다.

칭기즈칸은 우리나라의 보부상과 역참제와 비슷한 제도를 실시하여 정보를 수집하고 지역 간 교류를 용이하게 해줌으로써 광활한 영토의 곳곳을 거미줄처럼 서로 연결될 수 있도록 하여 효율적으로 지배할 수 있었다. 칭기즈칸은 지역과 지역, 사람과 사람 간의 연결을 중시함으로써 따로따로 흩어지지 않도록 하여 제국의 힘이 강하게 유지될 수 있도록 하였다. 그래서 지금도 많은 지도자나 경영자들이 칭기즈칸의 리더십과 몽골군이 군사조직을 운영하는 방식을 배우고자 연구하고 있다고 한다.

그렇다 보니 경영을 하고 있는 사람으로서 칭기즈칸의 나라 몽골은 꼭 한번 방문해 보고 싶은 나라였다. 때마침 평택대학교에 오랫동안 재직하시다 정년을 하신 김범수 교수님께서 울란바토르 대학에서 종종 강의를 하시면서 몽골과 인연을 맺어 오셨다. 그런 인연으로 나도 가끔 도서 기증을 조금씩 해드리곤 했는데 몽골에 한번 다녀오자고 제안을 해 주셔서 몽골여행을 하게 되었다. 몽골은 역사적으로나 인종적으로도 우리나라와 깊은 인연을 가지고 있는 나라라서 꼭 한번 다녀오고 싶었던지라 설레는 마음으로 몽골을 방문하였다.

과연 몽골의 초원은 상상했던 이상으로 드넓었다. 조그만 봉고차를 타고 가다 보면 초원, 양떼, 게르, 다시 초원, 양떼, 게르만 반복적으로 보이는 풍경이 신기할 따름이었다. 칭기즈칸이 태어났다고 하는 곳에서 하룻밤을 묵으며 그 지역 주민들이 제공하는 양고기를 먹고 게르에서 잠을 청했다. 쏟아질 듯 빼곡히 떠 있는 별들을 천장 삼아 게르에서 보낸 하룻밤은 지금도 가끔 머릿속에 그려지는 풍경이다. 이토록 광활한 땅에서 살던 사람들이 어떻게 서로 소통하며 대제국을 이룰 수 있었는지, 또 어떻게 유럽까지 아우르는 대제국을 형성할 수 있었는지는 내가 가진 상식으로는 여전히 미스터리다.

몽골 방문 첫째 날은 울란바토르 대학을 방문하여 학장 교수님으로부터 감사장을 받았다. 그동안 학지사가 울란바토르 대학에 상담심리학에 대한 한국어 교재를 꾸준히 지원해 준 것에 대한 감사의 표시였다. 울란바토르 대학은 한국 기독교단체에서 지원과 교류를 꾸준히 해왔는데 학지사는 도서증정을 통해 함께 해왔다. 다음 날 방문한 은혜농장은 한국인 선교사들이 약 240만 평의 땅을 임대하여 경작하고 있는 비닐하우스였다. 이곳에서는 겨울에 영하 40도까지 내려가는 몽골에서도 채소나 과일을 재배할 수 있는지를 연구하고 있었다. 우리가 방문한 비닐하우스에서는 잘 자라고 있는 참외와 수박을 볼 수 있었는데, 이 연구의 책임자이신 이혜식 교수님은 공로를 인정받아 몽골정부로부터 공로표창을 받기도 했다고 한다.

몽골에서는 양고기 등의 육류를 주식으로 하고 있어서 채식이 부족하기 때문에 40대만 되어도 성인병으로 고생하는 사람이 많다고 한다. 그래서 정부 차원에서 채소 재배연구에 심혈을 기울이고 있는데 이혜식 교수가 성과를 낸 것이다. 한국인의 의지는 사막에서도 초원에서도 농사를 짓고 식물을 기를 수 있게 하였다니 참으로 대단하다 할 만하다.

셋째 날에는 몽골의 전통 공연을 관람했다. 특히 마두금 연주에 맞춰서 두성으로 노래하는 후미창법이 매우 독특하고 신비로웠다. 영토가 넓다 보니 멀리까지 소리를 보내기 위해서 생겨난 창법이라고 한다. 노래 가사는 알 수 없었지만 멜로디가 사람의 가슴 깊이까지 울림을 주기에 충분했다.

뭐니뭐니 해도 몽골 여행의 백미는 초원을 달려가며 감상하게 되는 파노라마 같은 풍경이었다. 길 없는 길이라고 할 만큼 비포장 도로를 끝없이 달려가다 보면 목적지가 나오는 것이 신기했다. 도시로 공부하러 나간 자식들이 한밤중이라도 별의 위치를 올려다보면서 가족들이 거처하고 있는 게르를 찾아온다고 하니, 이들의 몸속에는 위치를 가늠하는 특별한 DNA가 있나 싶었다. 한참을 달려왔지만 조금 전에 본 풍경과 별반 다를 것 없는 풍경의 연속에서도 또 다른 초원이 이어진다는 사실은 몽골의 광활함을 증명해 주었다. 몽골의 초원길을 달리다 잠시 내려서 저 멀리 구릉을 바라보면 초원을 가로지르는 양떼, 말무리, 낙타군단 사이로 떠가는 구름이 보였다. 마치 지구 밖에서 지구를 바라보는 듯하였고, 나는 그 사이를 나부끼는 한 점 나뭇잎처럼 느껴졌다. 칭기즈 칸이 이 땅을 딛고 아시아를 아우르고 난 뒤 유럽으로 치달려 세계를 제패했다니, 잘 믿겨지지 않는 아련한 옛이야기처럼 느껴졌다.

나는 책을 만드는 사람입니다

4부
건강

12. 골프
13. 수상스키
14. 테니스
15. 산행

12 골프

 코로나 팬데믹의 영향으로 청년층의 골프인구가 급격하게 늘고 있다고 한다. '골프' 하면 비용이 많이 드는 운동으로 인식되어 청년층의 유입이 쉽지 않았던 것이 사실인데, 스크린골프가 대중화되면서 청년층들도 저렴한 비용으로 즐길 수 있는 기회가 확대된 영향이 크다. 골프는 여러 사람이 대면해서 진행해야 하는 다른 운동에 비해 소수의 인원끼리 모여 운동도 하고 게임도 즐길 수 있으니 금상첨화일 것이다.
 내가 골프를 처음 접했을 때만 하더라도 골프는 대중 스포츠는 아니었고 소수의 일부 계층에서만 비즈니스 차원에서 즐기는 운동이라는 인식이 강했다. 그러다 보니 골프라고 하면 접대라는 말이 떠오를 만큼 스포츠보다는 비즈니스의 수단으로 인식되었고 긍정적인 측면보다 부정적인 측면이 더 부각되어 일부 부유층의 사치스러운 스포츠로 각인되기도 하였다.

골프는 다른 스포츠에 비하여 비용이 많이 소요되는 것은 사실이다. 골프를 하기 위해서는 장비 일체를 구입해야 하는데 장비의 비용은 브랜드의 종류에 따라 값이 천양지차다. 개인의 기호에 따라 구입하게 되는 의상이나 부속용품들의 가격대도 만만치 않다. 골프 동호인들이 가장 부담을 갖게 되는 비용은 골프장 이용비다. 그린피, 캐디비, 카트비, 식음료비 등을 모두 합하면 샐러리맨들이 내기에는 아직도 부담이 큰 금액이다.

적어도 한나절 이상의 시간을 할애해야 하는 점도 일반인들이 골프장은 자주 찾을 수 없게 하는 요인이다. 그나마 회원제 골프장 외에 대중골프장도 많이 생겨나서 비용부담이 많이 줄기는 했지만 코로나 팬데믹의 영향으로 해외로 원정 골프를 나가는 인구가 줄어들어 국내로 수요가 몰리면서 대중골프장마저도 요금인상에 열을 올리고 있어서 골프의 대중화에 부정적인 영향을 끼치고 있다. 골프가 고비용의 스포츠이자 비정상적인 거래를 연상시키는 비즈니스 수단이라는 부정적인 인식이 여전히 자리 잡고 있지만, 긍정적인 효능이 많은 것 또한 사실이다.

우선 골프장은 빼어난 경관을 자랑할 만한 곳에 위치해 있어서 탁한 공기와 획일화된 도심 경관으로부터 비롯되는 스트레스에서 잠시나마 벗어날 수 있는 휴식과 안식을 제공해 준다. 골프는 다른 스포츠에 비해서 활용하는 필드가 매우 넓어서 전체 코스를 다 돌고 나면 꽤 많은 걷기 운동을 수반하게 된다. 그것도 잘 관리된 잔디 위를 걷는 일이다 보니 기분도 상쾌해지고 부족한 유산소 운동도 보완해 줄 수 있다는 점에서 건강관리에 도움이 된다.

함께 운동을 나온 지인과 각 홀 사이의 구간을 이동하면서 이런저런 이야기를 나누며 걷다 보면 친분도 두터워지고 기분도 저절로 유쾌해진다. 하지만 골프는 멘털이 매우 중요하게 작용하는 운동이다. 즐겁게 운동을 하다가도 승부욕이 발동하면 몸에 힘이 들어가면서 자신이 원하는 대로 진행되지 않게 된다. 그러면 즐거움이 한순간에 짜증이나 스트레스로 바뀌게 되기도 한다. 그렇다고 승부에 대한 욕심을 다 내려놓고 널널하게 게임을 하면 긴장감이 모두 없어져서 운동 자체가 장난스럽게 진행되거나 굳이 골프를 해야 하는 의미마저도 사라지게 된다. 그래서 골프는 적당한 긴장감을 유지하면서도 페어플레이를 해야 제대로 된 재미를 만끽할 수 있다.

내가 골프를 처음 배운 것은 50이 되어서다. 친구들과 함께 골프를 시작했는데 비용이 좀 더 저렴한 곳을 찾다 보니 포천에 있는 골프장을 주로 이용했다. 지금은 길이 잘 닦여 있지만 그때만 해도 포천에 있는 골프장까지는 두 시간 이상이 족히 소요됐다. 시간대도 새벽 이른 시간대를 고르다 보니 골프를 한번 치기 위해서는 잠을 거의 설치다시피 했다. 그러다 보니 실력은 잘 늘지 않았지만 그래도 그때 그렇게 고군분투한 덕에 지금은 종종 싱글도 하는 정도의 실력을 갖추게 되었다.

골프를 하다 보면 실력의 일관성을 유지하기가 매우 어렵다는 사실을 실감하곤 한다. 어떤 날은 프로 수준의 실력을 발휘하게 되는가 하면, 또 어떤 날은 초보자보다도 못한 실력으로 좌충우돌하기도 한다. 골프는 멘털 게임이다 보니 동반자의 영향을 받기도 하고 날씨나 그린의 상태에도 영향을 받는다. 골프장의 코스가 내 취향과 잘 맞는 곳도 있지만 내 취향과 너무 다르게 설계되어 있어서 게임하는 내내 궁시렁대면서 운동을 하게 되는 경우도 있다.

한마디로 실력이 기본이 되어야겠지만 아마추어에게 골프는 수많은 핑곗거리들로 그날그날의 경기들을 합리화해야 하는 운동인 것이다. 세상사도 이와 다르지 않다. 내가 아무리 뛰어난 능력을 가진 사람이더라도 주변의 환경이나 여건에 부합하게 사업을 펼쳐나가지 않고 순리를 거스르는 방향으로 나아간다면 언제나 구실 찾기에만 급급할 것이다. 구실이 자기합리화는 시켜 줄 수는 있지만 사업이 망가지는 것까지 막아주지는 못한다.

골프를 즐기려면 주변의 환경을 잘 간파하고 동반자의 게임방식을 잘 살펴서 페어플레이를 해야 한다. 나는 지인이나 교수님 또는 출판단체나 회사 직원들과 주로 골프를 즐긴다. 동반자가 누구냐에 따라 골프의 양상이 달라지는 것을 많이 경험한다. 즉, 골프는 각자의 삶의 방식을 대변해 주는 운동이기에 나는 다양한 삶의 모습을 골프를 치면서 확인하며 많은 배움의 시간을 갖는다.

스포츠에는 각 종목마다 규칙과 철학을 담고 있다. 스포

츠는 경쟁을 기반으로 하지만 최소한 두 명 이상의 사람들이 함께 어울려서 해야 하는 특성이 있다. 기록경기 중에는 혼자서 하는 종목도 많지만 기록이라는 것도 누군가와의 비교를 통해서 우열을 가려야 되니 결국은 혼자서 하는 운동이라고 할 수는 없는 것이다. 함께해야 한다는 것은 경쟁의 의미도 있지만 서로 협력해야 한다는 의미도 내포하고 있다. 올림픽의 정신이 그렇듯이 세계의 스포츠인들이 한자리에 모여 서로의 기량을 견주지만 전쟁 대신 스포츠를 통해서 각자 나라의 위상과 국력을 뽐내는 자리이기도 하다.

사업을 하다 보면 항상 경쟁사가 있다. 그래서 경쟁사 분석을 통해 그보다 나은 제품을 만들어서 더 많은 수익을 얻고자 하는 것은 기업경영의 일반적인 행태이기도 하다. 하지만 경쟁사는 언제나 자사와 대결해야 할 적군만이 아닌 아군의 역할도 함께 나누어 하고 있다. 우선 경쟁사는 자사가 자만해지지 않도록 긴장하게 만든다. 또한 더 나은 제품을 생산하기 위한 기준점을 제시해 주기도 한다. 일정 점유율을 나눠서 분담해 주기 때문에 시장의 크기를 키워 가는 데에도 큰 역할을 한다.

그런데 요즘은 경쟁사의 의미가 조금씩 달라져 가고 있다. 예전에는 동종의 제품을 생산하는 업체를 경쟁사로 보고 분석하며 대비해 왔지만, 이제는 전혀 다른 업종의 산업이 자사의 산업을 위협하거나 자극하기도 한다. 이를테면 출판계의 경우는 IT산업 분야가 잠재적인 경쟁상대로 떠오르고 있는 현상을 종종 목격할 수 있다. 개발된 원고가 그동안 활자로 인쇄되는 종이출판에서 전자책 출판으로 확장되어 유통되기 시작하였다. 텍스트라 불리던 원고가 이제는 콘텐츠라는 이름으로 불리고 있다.

텍스트에서 콘텐츠로의 변모는 출판산업이 제조업에서 IT산업의 영역으로 이동하고 있다는 방증이기도 하다. 콘텐츠는 기존 텍스트를 기반으로 하여 전자책, 영상, 영화 등의 각종 미디어 상품으로 재생산되는 원천 소스의 역할을 하고 있다. 원소스 멀티유즈로 지칭되는 산업구조가 일반화되어 가는 과정이기도 하다. 그러다 보니 종이책 기반의 출판산업은 위기이자 기회를 맞이하고 있다. 출판사들은 시대의 변화에 발 맞춰서 콘텐츠 기업으로 변모를 해야만 한다. 텍스트 기반의 종이책 출판만을 고집하는 것은 4차 산업시대에 1차 산업에 머무르고자 하는 것과 다름 없다.

골프도 경쟁을 기반으로 하는 운동이다. 남보다 멀리 공을 보낼 수 있는 장타력이 있어야 하지만, 장타력은 자칫 경기장 밖으로 공을 보내서 OB나 해저드라는 페널티를 감수해야만 한다. 그렇다고 끊어치며 소심하게 경기를 하다 보면 경쟁에서 승리하기는 난망해진다. 공을 원하는 방향대로 똑바로 멀리 보낼 수 있으면 최상이다. 방향이 맞고 추진력이 가미된다면 최상의 결과를 얻어낼 수 있다는 말이다. 현재의 출판산업이 한 방향만을 바라보며 끊어치면서 소심하게 경기하는 골퍼의 모습을 떠올리게 한다.

골프의 최고 성적은 이븐파다. 행운이 따라주어야 가능하겠지만 한 타수 한 타수 신중하게 하고 지형과 바람의 영향 등을 고려한 전략이 필요하다. 골프는 힘써서 멀리 보내는 운동이 아니라 전략과 멘털을 이용하는 운동이다.

골프는 나에게 신체 건강과 여가를 챙겨주는 운동이자 마음 수련의 장이며 인생의 희로애락을 압축하여 경험하게 하는 필드다. 인생에는 홀인원이나 버디가 있는가 하면 보기도 있고 더블보기도 있다. 열심히 노력만 하면 싱글이 되고 언더가 될 것 같지만 나는 여전히 보기플레이에 가깝다. 골퍼들은 18홀을 다 돌고 나서 장갑을 벗으면서 지금부터 다시 돌면 더 잘 칠 수 있을 것 같다고 생각한다. 과연 그럴까? 인생살이도 골프처럼 고비고비마다 다시 하면 더 잘할 수 있을 것 같지만 매 순간 최선을 다하면 그것이 최선이지 그 이상은 없다. 그래서 나는 오늘 지금 이 순간에 최선을 다할 뿐 지나온 과거에는 머물지 않으려 한다.

13 수상스키

　출근길에 한강을 바라보면 마음이 설렌다. 잔잔하게 물결이 이는 날에는 더욱 그렇다. 혹여라도 보트에 매달려 수상스키를 타고 있는 사람을 발견하면 자세를 유심히 쳐다보게 된다. 수상스키를 이제 막 시작한 사람인지 실력이 꽤 되는 사람인지가 금방 판가름된다. 나도 수상스키를 시작한 지가 올해로 벌써 20년이 넘었다. 겨울에는 스키를 즐기다가 여름이 되면 허전한 마음에 자연스럽게 수상스키에 관심을 갖게 되었는데, 시간이 지날수록 실력이 늘어가는 재미에 빠져서 지금은 한강을 지날 때 물결이 잔잔하면 바로 수상스키를 착용하고 한강으로 뛰어들고 싶어진다.
　여름 운동으로는 이만한 것이 없는 것 같다. 피서를 대신할 수도 있고 마음속 잡다한 상념들을 모두 잊게 해 주는 특별한 매력이 있다. 처음 배울 때는 두발스키를 타기에도 벅차지만 실력이 늘어 가면서 외발스키를 타기 시작했고, 일직선으로 보트를 쫓아가기에 급급하다가 점점 좌우로 크게 이동하면서 물벽을 만들기 시작하니 수상스키의 매력에 흠뻑 빠지게 되었다. 이제는 한 손으로 자유자재로 컨트롤하며 탈 수 있는 정도가 되니까 시니어 대회라도 있으면 출전해 보고 싶은 욕구가 생겨난다. 물살을 가르며 물 위를 좌로 우로 누비는 쾌감을 직접 느껴 보지 않은 사람들은 잘 모른다.

새벽녘까지 이런저런 생각으로 잠을 설친 날이면 한강으로 달려가 수상스키를 탄다. 또 어떤 날은 출근길에 핸들을 돌려 양수리에 들러서 수상스키를 두어 번 타고 출근하기도 하는데 그러면 몸도 마음도 개운해진다. 나에게 있어서 수상스키는 내가 나와 나누는 나 혼자만의 대화 시간이기도 하고 나만을 위해 내가 나에게 봉사하는 일이기도 하다. 그래서 특히 과중한 업무에 치이고 자신을 혹사시키는 CEO분들에게 수상스키를 권하고 싶다.

겨울에는 스노우 스키를 즐긴다. 하얀 눈위를 미끄러져 내려오다 보면 온 정신을 스키 타는 일에 집중하게 된다. 상급자 코스를 주로 이용하다 보니 자칫 실수라도 하게 되면 치명적인 부상을 당하기 쉽기 때문이다. 스키는 위에서 아래로 내려가는 중력의 힘을 이용하는 운동이라고 한다면, 수상스키는 부력을 이용하는 운동이라고 할 수 있다. 스키는 중력이 이끄는 방향으로 내려가려는 힘을 조절하여 스피드를 즐기는 운동이라고 한다면, 수상스키는 보트의 힘을 이용하여 물 위를 거니는 운동이다. 스키와 수상스키 모두 스피드를 즐긴다는 공통점이 있다. 이 둘의 본질적인 차이라고 한다면 스키는 위에서 아래로 이동하는 운동이고, 수상스키는 수평으로 이동하는 운동이라는 점이다.

스키는 산에서 하는 운동이라면 수상스키는 강에서 한다는 차이점도 있다. 스키는 내려오는 속도를 케어하지 못하면 부상을 당할 수 있지만 수상스키는 속도를 활용하지 못하면 물속으로 가라앉게 된다. 수상스키는 스키에 비해 부상의 위험이 적다는 점도 나이를 먹어가는 내게 매력으로 다가왔다.

수상스키를 처음 시작했을 때는 물 위에 떠서 물속에 빠지지 않은 채 조금이라도 더 멀리 가는 것이 목표였다. 어느 정도 주행이 가능해지자 다음 목표는 외발로 스키를 타는 것이었다. 한 번 두 번, 한 해 두 해가 지나니까 차츰 외발스키가 익숙해졌다. 외발스키가 익숙해지자 나중에는 실버대회에 참여할 수 있는 수준의 수상스키어가 되어야겠다는 욕심이 생겼다. 그런 욕심 덕분인지 이제는 물살을 일으키며 제법 익숙하게 수상스키를 즐기고 있다. 모든 운동이 그렇지만 수상스키는 경험이 부족할수록 더 많은 힘과 에너지를 필요로 한다. 반대로 경험이 많아지고 숙련되면 속도와 부력을 적절하게 활용할 수 있게 되어 물 위를 나는 새처럼 부드럽게 수상스키를 즐길 수 있게 된다.

지나가는 물 양편으로 물기둥을 세워가며 좌우로 넘나들며 수상스키를 즐길 때의 기분을 경험해 보지 않은 사람은 느끼기 쉽지 않은 감정이다. 그래서 직원들이나 지인들에게도 권해 봤지만 쉽게 포기하는 사람들도 많았고 재미를 느끼지 못하고 그만두는 사람들도 많았다. 사람들마다 개성이 다르고 취향이 다르니 모든 사람들에게 다 좋은 운동은 없다. 운동도 개개인의 적성과 신체적인 조건과 부합할 때 최상의 스포츠가 될 수 있다. 하지만 나는 기업을 경영하고자 하는 분들에게 반드시 하나 정도의 개인 스포츠를 정해두고 세미프로 정도의 실력을 갖출 것을 권해 주고 싶다. 운동을 해야 건강해질 수 있고 그래야 체력도 유지해서 사업을 잘할 수 있게 된다는 뻔한 이유가 아니더라도 꼭 그래야만 할 이유가 있다.

경영자가 된다는 것은 매우 고단하고 외로운 길로 들어서는 일이다. 혼자서 결정해야 할 것도 많고 또 누군가의 원망과 비난을 감수해야 할 때도 있다. 이럴 때는 오직 나만을 위해 투자할 시간이 필요하고 그 시간을 통해서 몸과 마음을 새롭게 정비하고 다잡는 것이 필요하다. 나에게 모든 것을 잊고 골몰할 수 있는 운동이 있다면 그보다 더 좋은 안식처가 어디 있겠는가.

잠시라도 내 마음에 위안을 얻는다면 회복도 그만큼 빨라진다. 스포츠는 나의 열정을 발현하는 에너지를 생성시켜 줄 뿐만 아니라 증폭시켜 주기까지 한다. 경영은 곧 에너지가 구현해 주는 예술이다. 멋지고 건강한 에너지를 소유한 사람일수록 더 멋진 경영자가 될 수 있다는 것이 나의 운동에 대한 예찬론이다.

수상스키의 또 하나의 매력은 딱딱하게 굳어지기 쉬운 근육들을 유연하게 해 준다는 것인데, 이는 생각을 유연하게 해 주는 작용을 하기도 한다. 나는 경영하는 사람들에게 생각의 유연성은 기업의 규모를 결정하는 중요한 요인으로 작용한다고 생각해 왔다.

　인간은 인간이 할 수 없는 일들을 공상으로 꿈꾼다. 20, 30년 전의 공상영화에서는 꿈 같은 일들이 만화처럼 그려졌었다. 사람들은 그야말로 공상영화라 치부하면서 허황된 일이라거나 영화니까 하면서 깊게 고민하지 않고 가볍게 받아들였다. 하지만 당시 공상영화의 이야기들이 지금은 모두 현실이 되었다. 꿈이 이루어진 것이다. 공상이 현실이 된 것이다. 우주여행, 스마트폰, 레이저 무기, 메타버스 등은 불과 20여 년 전만 하더라도 공상영화의 소재의 일부에 지나지 않았던 것들이다. 그런데 어떻게 해서 이런 일들이 가능하게 되었을까? 나는 사람들의 생각이 꿈이 되었고 꿈을 이루려는 의지가 모여 세상을 바꾸어 놓았다고 생각한다.

　사람들에게는 원초적인 꿈이 있다. 하지만 인간이기에 할 수 없는 일이 있다. 새처럼 자유롭게 하늘을 날거나 물고기처럼 자유롭게 물속을 유영하는 일은 인간이 할 수 없는 일이다. 공상영화가 현실이 되는 사례들을 지켜보면서 인간이 하늘을 날고 물속을 자유롭게 유영하는 일도 절대로 불가능하기만 한 일은 아니지 않을까 싶다. 사람이 달나라에도 다녀온 세상에서 살고 있는데 말이다. 인류의 꿈은 안 된다에서가 아니라 될 수도 있지 않을까 하는 사고에서 시작되었다고 생각한다. 무슨 일이든 간에 결론을 단정짓고 생각하려고 하기보다는 가능성이라는 여지를 열어두는 열린 마음으로 다가갈 때 가능성에 가까워지는 것이다.

어떤 사안을 두고 논의를 진행하다 보면 크게 두 부류의 의견으로 나뉜다. 한 부류는 적극적으로 일을 추진해 보려는 사람들이다. 조금 무리이지 않나 하는 생각도 들고 다소 무모하다고 느낄 정도로 상황을 긍정적으로만 몰아가려는 사람들이다. 의견을 듣고 있는 나도 저게 과연 가능할까 싶은 생각이지만 못 이기는 체 그들의 의견에 동조해 준다. 심지에 불이 잘 붙도록 불쏘시개를 제공해 주기도 한다. 그렇다고 그들에게 맡겨두고 방관하는 것이 아니라 지속적으로 상황을 예의주시하면서 성공할 수 있도록 공식·비공식적 지원을 아끼지 않는다. 결과에 대한 책임을 따져본 일도 없다.

반면에, 어떤 일을 진행하면서 본론에 들어가기도 전에 리스크를 걱정하거나 일이 성사될 수 없는 이유를 길게 나열하는 부류도 있다. 구구절절이 옳은 말들이다. 가장 현실적인 지적이고 충분히 예측 가능한 리스크에 대하여 적절하게 지적해 주는 이야기들이다. 이런 이야기를 듣다 보면 이 친구는 회사가 혹시라도 어려움에 봉착할 수 있는 상황을 미리 예견하여 차단하고자 하는 사려 깊은 친구구나 하는 생각도 들지만, 사업이라는 것이 본래 무에서 유를 만들어 내는 일일진데 현실적인 고려만 하다 보면 중소기업이 할 수 있는

건 아무것도 없다는 이야기네 하는 생각에 이르게 된다.

 콜럼버스의 달걀 세우기 일화는 우리가 너무나 잘 알고 있는 유명한 이야기다. 누구나 불가능하다고 이야기했지만 콜럼버스는 달걀의 아랫부분을 깨뜨려서 세웠고 사람들은 그렇게 하면 누군들 달걀을 못 세우겠느냐고 반문했다. 콜럼버스는 독특한 과학적 원리를 활용하거나 어렵게 접근하지 않고 누구나 쉽게 생각할 수 있는 방법으로 달걀을 세웠다. 하지만 사람들은 이러이러해야 한다는 자신의 신념과 관념에 사로잡혀 시멘트처럼 굳어진 생각으로 살아간다. 그러다 보니 다르게 생각할 여지를 잃어버리게 된 것이다. 생각이 유연해져야 하늘을 나는 꿈도 꿀 수 있고 물속을 유영하는 꿈도 꿀 수 있다. 실현은 그 나중의 문제다.

14 테니스

　계절에 따라 수상스키나 스키 타기를 좋아하지만 내게 있어 테니스는 좀 더 특별한 이유로 좋아하게 된 운동이다. 테니스는 내가 근 20여 년을 살았던 강변역 프라임 아파트에 테니스코트가 있어서 시작하게 되었고, 지금까지도 즐기고 있는 운동이 되었다. 사실 요즘 새로 입주하는 아파트단지에 테니스코트가 있는 경우는 거의 없다. 테니스는 대중 스포츠라기보다는 소수의 테니스 마니아들만 즐길 수 있는 운동이다 보니 요즘처럼 다수의 의견이 존중되는 문화 속에서는 테니스코트를 설치하기도 유지하기도 쉽지 않기 때문이다. 20여 년을 같은 아파트에 살면서 테니스라는 운동을 매개로 이웃이 되어 함께 어울리다 보니 이제는 그들과 친형제 같은 각별한 우의를 유지해 오고 있다.

주말이면 으레 간식거리를 준비해 와서 서로 나눠 먹으며 운동도 하고 친분도 나누다 보니 이제는 이런 이웃이 없다. 가끔 관리문제를 두고 입주민이나 관리사무소와 논쟁이 발생하기도 하지만 그때마다 회원들이 공동체가 되어 모두 한마음으로 문제해결에 애를 쓰다 보니 지금까지도 테니스코트를 온전히 보전하면서 테니스 모임을 유지할 수 있었던 것 같다.

공동체라는 말이 요즘은 사회운동을 하는 시민단체의 전유물 정도로 쓰이고 있지만 이는 우리 민족의 근저에 오래전부터 내재화되어 있는 개념어이기도 하다. 두레, 품앗이, 향약 등 마을 단위로 질서와 전통을 만들고 어른을 모시는 문화를 바탕으로 상호 협력하는 전통이 바로 그 뿌리다.

향약의 4대 강목을 보면 우리 민족의 자생적인 공동체문화를 제대로 엿볼 수 있다. 德業相勸(덕업상권): 착한 일은 서로 권하고, 過失相規(과실상규): 잘못한 것은 서로 규제해 주고, 禮俗相交(예속상교): 서로 예절을 지키며, 患難相恤(환난상휼): 어려운 일은 서로 돕는다.

향약의 4대 강목은 우리 민족의 DNA 속에 내재되어 있는 정신을 요약하여 정리한 내용이자, 민족이 지향해 온 공동체 전통의 지향점이기도 했다. 하지만 도시문화가 주류 문화로 자리를 잡아가면서 우리의 공동체문화도 자연스럽게 소멸의 길을 걷고 있다.

　서구의 개인주의 문화가 주류를 이루면서 개인의 사생활을 침해하지 않고 보호해 주는 방향으로 문화가 형성되어 가다 보니, 이웃과의 관계지향적인 행동은 오지랖이 넓은 동네 어르신들의 꼰대문화 정도로 치부되고 있는 것이 현실이다. 특히 요즘에는 MZ세대의 문화가 이러한 경향을 더 부추기며 강화시키고 있다. 소위 MZ세대라 불리는 이들의 성향은 자신의 감정표현이 직접적이고 분명할 뿐만 아니라 협업을 통해 성과를 이루어 내기보다는 개인의 능력을 중심으로 일하려는 특징이 강하다. 선배 세대의 경험을 공유하는 것보다는 스스로 방법을 찾아서 일하기를 즐긴다.

　MZ세대의 특성은 서구화의 영향과 소셜 미디어를 활용한 교류가 활발해진 것도 그 영향 중의 하나라고 할 수 있다. 거기에 코로나 팬데믹이 장기화되면서 대면보다 비대면 생활 방식이 익숙해졌고, 그러면서 이웃 또는 타인과의 대면을 통한 인간관계 형성과 발전이 어려워지고 있다. 이런 상황에서 테니스 동호회의 역할은 내게 있어 운동을 통한 건강증진 그 이상의 의미를 갖는다.

　우리 민족에게는 정(情)의 문화라는 아름다운 전통이 있다. 부자지정, 모자지정, 형제지정 등 가족 간에 나누는 정의 문화도 있지만 이웃사촌이라는 개념으로 상징되는 공동체의 정 문화가 있다. 부모-자식 간의 관계 속에서 조건이나 이유가 굳이 필요 없듯이 오랜 시간 희로애락을 공유해 온 이웃은 말 그대로 멀리 있는 가족보다 더 애틋하고 따뜻한 정을 나누는 공동체인 것이다. 하지만 갈수록 이런 공동체 의식도 사라지거나 옅어져 간다는 사실이 많이 아쉽다.

우리 테니스 동호회는 운동이라는 매개체를 통해서 결속되고 유지되어 온 공동체이기도 하지만 긴 시간을 함께해 오면서 서로의 생각과 삶을 공유하고 다져온 인간애를 바탕으로 형성된 마을 공동체라고도 할 수 있다.

운동이라는 것이 몸의 건강을 유지하기 위한 수단이기도 하지만 오랫동안 지속적으로 하다 보면 운동 자체가 하나의 목적이 되기도 하는 것 같다. 본래 자연 속에서 자연과 더불어 활동하며 살아온 인류가 자연을 등지고 도시 속에서 생활하다 보니 차츰 소멸되어 가는 활동이라는 영역을 인위적으로 대체하게 된 것이 운동이 아닌가 싶다. 그래서 운동은 사람들의 근력을 향상시켜 주기도 하지만 산이나 강, 바다와 더불어 함께할 수 있도록 설계되곤 한다. 즉, 자연의 일부로 되돌아가고 싶은 인류의 동물적인 본능의 발현이 운동이고, 운동을 통해서 비로소 내면에 잠재된 본능적인 속성을 표출하게 되는 것 같다.

요즘 들어 직원면접을 진행하다 보면 도시에서 유년시절

을 보낸 사람과 지방 소도시에서 유년시절을 보낸 사람들 사이에서 정서적인 차이를 느낄 때가 있다. 물론 MZ세대라는 젊은 세대들의 특성이 사회의 일반적인 세대 개념으로 강하게 대두되다 보니 여기에 비교되는 상대적인 평가일 수도 있지만, 대도시 출신의 면접자가 '자기'라는 개념을 강하게 가지고 있다면 지방 소도시 출신의 면접자는 '우리'라는 개념이 좀 더 우세하게 느껴진다는 것이다. 실제 입사하여 업무를 수행하는 스타일을 보면 도시 출신자가 자신에게 주어진 일 중심으로 사고한다면, 소도시 출신자는 관계지향성에 좀 더 비중을 두는 경향이 있어 보인다.

물론 사람마다 취향과 성향이 다른데 나의 개인적 경험을 바탕으로 획일적으로 재단하는 것은 다소 무리가 있거나 억측에 가까울 수는 있다. 하지만 유년시절을 보낸 환경이 사람들의 성격형성에 매우 중요한 영향을 미치는 것은 간과할 수 없는 사실일 것이다. 우선 이웃이라는 공동체와 대면하여 정서적으로 교류할 수 있는 물리적 기회의 수가 확연히 다르다. 교류의 질이나 연대의 깊이에도 본질적인 차이가 있다. 그러다 보니 사람을 대하는 방법이나 언어도 서로 다를 수밖에 없는 것은 어쩌면 너무나 당연한 일일지도 모르겠다.

나는 직원 개개인의 능력도 중요하지만 그보다 우선하는 가치는 인성이라고 생각한다. 뛰어난 재능이 있어도 동료를 배려하는 마음이 부족하고 자기 본위로만 생각하는 직원에게는 아무래도 마음이 덜 간다. 업무를 수행하는 역량이 조금 부족하지만 자신보다 남을 위하고 회사를 위해 애쓰는 직원을 보면 그 마음이 참 예뻐 보이고 감사하게 느껴진다. 그러면 과연 두 사람 중에 기업의 성과를 창출해 내는 직원은 누구일까? 단기성과는 능력이 우수한 직원이 높게 낼 수 있지만, 장기적으로 회사에 더 많은 기여를 할 직원은 인성이 좋은 직원이라고 생각한다. 물론 개인차가 분명히 존재하겠지만 오랫동안 사업을 하면서 얻는 경험치다. 한 아이를 기르기 위해서는 온 마을이 필요하다는 말이 있다. 우리들 곁에서 사라져 가는 공동체 문화를 복원해야만 하는 이유를 잘 설명해 주고 있는 말이 아닐까 싶다.

15 산행

조선이 건국될 때 무학대사가 한양을 도읍으로 추천한 가장 중요한 이유는 산세가 외적을 방어하기에 유리하여 도읍지로서 적합하고 한강이 가까이 있어서 취수에 좋다는 점이었다. 한양은 예로부터 중국과 문물을 교류하기에 최적지인 한강을 끼고 있는 곳이라 삼국시대부터 쟁탈전이 치열했던 곳이기도 하다. 삼국시대에는 한강을 차지한 나라가 한반도의 패권을 움켜쥐었던 전성기였다는 사실에 비추어 보더라도 한강은 한반도에서 가장 중요한 요충지였음을 알 수 있다. 서울 한복판에서 서서 한 바퀴 휘둘러 보면 북한산, 인왕산, 북악산, 도봉산, 수락산, 불암산, 관악산, 남산 등이 모두 조망된다.

한 나라의 수도에서 이렇게 가까운 곳에 산세가 뛰어난 명

산을 그것도 하나도 아니고 여러 개의 산들이 즐비하게 늘어서 있는 곳은 흔치 않다고 한다. 풍수지리상의 조건을 굳이 따지지 않고 필부의 시선으로 살펴본다 하더라도 서울은 범상치 않은 곳임에 틀림이 없어 보인다.

서울에 사는 사람들이 가장 많이 오른다는 북한산은 서울의 어디에서 바라보든지 눈에 띈다. 주봉인 백운대를 필두로 인수봉, 보현봉, 문수봉 등이 나란히 서서 서울을 외호하고 있다. 그 사이로 삼국시대 한양의 주도권 싸움의 상징이라고 할 수 있는 비봉도 진흥왕순수비를 머리에 이고 서울땅을 내려다보고 있다. 관악산은 한강 너머 멀리에 있지만 불의 기운이 강하여 왕궁에 화기가 미친다 하여, 이것을 막고자 경복궁 정문인 광화문 앞에다 해태상을 세웠다고 하니 산이 사람들에게 끼치는 영향이 만만치는 않았는가 보다. 북악산과 인왕산은 조선사의 길흉회복과 왕조대의 흥망성쇠를 모조리 지켜본 산중인이 아닐까 한다. 우리나라의 산들은 이처럼 사람들의 삶과 유리되지 않고 희로애락을 함께하며 삶의 일부로 자리 잡아 왔다. 인간에게 이로운 약초를 길러내고, 땔감을 내어주고, 각종 동물들을 키워내면서 인간과 공존하는 터전을 마련해 주었다.

오늘날의 산들은 삶에 지친 현대인들의 영혼을 치유해 주고 연약해진 신체를 단련시켜 주는 장으로 변모해 가고 있다. 그러다 보니 주말이 되면 서울의 산들은 밀려드는 인파의 등쌀에 못 이겨 몸살을 앓게 된다. 때로는 과도한 인간의 발길에 치여 황폐해지기도 하고 무분별한 이용으로 오염되기도 한다. 하지만 산은 신음할 뿐 인간을 원망하거나 탓하지 않고 스스로 자정하며 회복해 간다. 그리고 나서도 한없이 넓은 품으로 힘들고 지친 사람이면 그가 누구이든 간에 따뜻하게 감싸 안아준다. 사람들은 그것을 잘 알기에 위안이 필요할 때면 산을 찾는다.

흔히 인생을 산을 오르는 일에 비유하곤 한다. 오르막이 있으면 내리막이 있는 모양새가 인생을 닮아 있다고 느끼기 때문이다. 산에 오르는 일은 힘에 부치지만 정상을 목표로 정해 두고 산을 오르는 사람들에게는 힘들고 어려운 순간이 닥치면 정상이 바로 저기인데 여기서 멈출 수 없다는 마음이 힘듦을 이겨낼 수 있는 동력이 된다. 정상에 오르고 나면 성취했다는 기쁨과 더불어 발아래로 펼쳐진 세상이 한눈에 조망된다. 사람들과 아웅다웅하며 부침했던 순간들이 해뜨기 전에 피어올랐던 아침안개처럼 허무하게 스러진다. 사람들은 이 맛에 산을 오른다고들 말한다.

정상에 올라 땀을 닦으며 준비해 온 음식이나 음료수를 마시며 즐기는 순간의 소회는 볼을 스쳐지나가는 바람결만큼이나 온화하고 평온하다. 하지만 정상은 그리 넓지 않기에 마냥 그곳에 머무를 수는 없다. 땀을 식혀주던 바람도 정상에 머물다 보면 금세 쌀쌀해져서 한기로 느껴지기 십상이다. 다음을 기약하며 한 걸음 한 걸음 내딛는 하산길은 산을 오를 때만큼 힘은 덜 들지만 좀 더 세심한 주의를 기울여야 한다. 자칫 돌부리에 차이거나 낙엽 속에 숨겨져 있던 미끄러운 바위를 밟기라도 하면 큰 사고로 이어지기 때문이다.

그럼에도 불구하고 현대인들은 살아가면서 하산길을 미리 염려하며 살아갈 만큼 삶이 여유롭지 못하다. 당장 이루어야 할 일들이 산적해 있고 하나를 이루면 또 다른 목표가 삶을 옥죄어 오기 때문이다. 하지만 우리는 산을 오를 때처럼 늘 하산길도 대비해야만 한다. 해가 저물어 어두워지기 전에 하산할 수 있도록 충분한 시간적 여유를 확보해 두어야 하고, 해가 떨어지고 나면 기온이 떨어져서 체온이 낮아질 수 있다는 점도 염두에 두어야 한다.

미리 준비하고 대비해 두지 않으면 낭패를 당할 수도 있다는 사실을 잘 알면서도 늘 놓치고 마는 것이 인생사인 듯하다. 그런데 시간과 건강만 허락한다면 언제든지 같은 산의 같은 코스를 다시 오를 수 있지만 인생은 그렇지가 못하다. 한 번 지나온 삶의 똑같은 코스를 다시 살아보는 일은 불가능하기 때문이다. 이것이 등산을 하는 것과 인생을 살아가는 것이 비슷한 듯하지만 근본적으로 다른 부분인 것 같다.

등산을 하다 보면 종종 누군가의 무덤과 만나게 되기도 한다. 나와는 전혀 인연이 없는 사람들의 묘이지만 길을 걷다가 시선을 붙잡는 들꽃처럼 잠시 발걸음을 멈추게 한다. 내가 가끔 찾는 아차산과 연이어 있는 용마산에는 우리나라 근대사의 주역으로 여러 분야를 대표하던 분들이 모셔져 있다. 한용운, 김상용과 같은 시인과 최학송, 계용묵과 같은 소설가, 아동문학가인 방정환, 도산 안창호와 죽산 조봉암과 같은 정치가, 교육자, 의료인, 예술인들이 근심을 잊은 채 이곳에 누워서 편안하게 세상을 내려다보고 있다. 망우리 공원 사색의 길에서 만난 박인환 시인의 '지금 그 사람 이름은 잊었지만'으로 시작하는 〈세월이 가면〉의 시구나, '아아 사랑하는 나의 님은 갔습니다'로 시작하는 만해 한용운 님의 〈님의 침묵〉 한 구절은 이곳에 계신 분들을 향한 주제가가 될 법하다.

망우리 공원의 한 켠에는 일제강점기 때 순국한 유관순을 비롯한 독립운동가들의 합동묘가 소박하게 조성된 기념탑과 함께 모셔져 있다. 본래는 용산 미군기지 인근에 있던 묘들을 기지개발을 위해 이곳으로 모두 이장하면서 그곳에 묻혀 있던 묘 중 연고가 불분명한 이들의 묘를 합사한 것인데 그중에는 유관순 열사의 묘도 포함되어 있다. 지금은 이렇게밖에 추모할 수 없다 하니 안타까운 마음이 크다. 유관순과 같은 분들의 묘가 이런 대접을 받을 수밖에 없었던 것은 일제강점기라는 시대적 상황이 빚은 불가피한 상황이었다 하더라도 참 안타까운 일이다. 이렇게라도 기억되고 추모할 수 있는 공간이 마련된 것은 그나마 다행스러운 일이다.

산은 인간에게 참 많은 이로움을 선물한다. 살아 있는 사람에게는 생명을 연장해 갈 수 있도록 먹거리를 제공해 주고 건강을 유지할 수 있도록 도움을 준다. 삶을 마친 이들에게는 이처럼 편안히 누워서 안식을 취할 수 있도록 양지바른 곳을 기꺼이 내어준다. 산은 거기에 있는 자체로 풍경이 된다. 온통 콘크리트 건물로만 가득 채워진 건물 사이를 지나다 보면 삭막하기 그지없다. 이럴 때 멀리에 있더라도 도시를 품고 있는 산들이 차창 너머로 내다보이면 어머니의 품처럼 정겹게 느껴진다. 그래서일까, 주말이면 사람들은 삼삼오오 무리를 지어 산을 찾는다.

묵묵히 산행을 즐기는 사람이 있는가 하면 여럿이 모여 와자지껄하게 유쾌한 산행을 즐기는 사람도 있다. 나는 주로 사업적인 목적으로 산행을 많이 한 것 같다. 회사의 주력사업이나 새롭게 진출해 보고자 하는 업무의 담당자들과 산행을 하면서 관련 이야기를 주로 나눈다. 일 년에 한 번씩 정례적으로 다녀오는 간부사원 워크숍 때도 반드시 산행을 일정에 넣어서 함께 팀워크를 다지는 기회로 삼기도 한다. 가끔은 개인적인 고민이 있는 직원과 산행을 함께하며 조언을 해 주기도 하고 도움을 주기도 한다. 물론 지인들과 친목을 다지고자 산행을 할 때도 있고 가족들과 시간을 함께하고자 하는 차원에서 산행을 하기도 한다.

산행을 하다 보면 내 몸의 현재 건강상태를 내가 직접 점검해 볼 수 있다. 숨이 많이 가쁜지, 다리 근력이 약해졌는지, 손과 발목의 관절은 이상이 없는지, 허리는 뻐근하지 않는지 등을 체크하면서 평상시의 건강관리에 대해 반성하는 계기로 삼기도 한다. 산행을 하면서 나누는 대화는 한결 진솔해지고 부드러워지는 경향이 있다. 산이라는 주변환경이 긴장을 이완시켜 주고 자연과 함께하다 보면 저절로 기분도 좋아져서 마음이 열리고 경계심도 줄어들어 좀 더 진솔한 대화를 나눌 수 있게 되기 때문인 것 같다.

내가 올라가 본 산들을 헤아려 보면 그래도 제법 여럿 된다. 태백산, 지리산, 한라산, 백두산, 덕유산, 설악산 등등 우리나라에서 이름깨나 알려진 산은 거의 다 올라가 본 것 같다. 그래도 내가 가장 자주 찾고 즐겨 찾는 산은 바로 아차산이다. 내가 얼마 전까지 20여 년을 살던 곳이 구의동이다 보니 지리적으로 가까운 것이 가장 큰 이유였겠지만 아차산은 작고 낮지만 갖출 것은 다 갖춘 매력이 참 많은 산이다. 나는 아차산에서 새해일출을 맞이하기도 했고 간부사원들과 마음을 나누기도 했다. 친구들과 우정을 나누기도 했고 사업적으로 중요한 분들과 함께 교류하기도 하였다.

아차산에 올라본 사람들이라면 누구나 이곳이 군사적으로 매우 중요한 위치였으리라는 사실을 쉽게 공감할 수 있게 된다. 지금도 삼국시대의 격전장이었음을 보여 주는 흔적들을 쉽게 발견할 수 있다. 아차산에 올라 한강을 건너다보면 백제의 수도였다고 알려진 풍납토성의 흔적이 그대로 남아 있다. 아차산 정상부에는 고구려에서 구축한 것으로 알려진 보루들이 옛 자취를 그대로 간직하고 있다. 북쪽으로 시선을 돌려 보면 한양을 감싸안고 있는 북한산 봉우리들 사이로 신라 진흥왕순수비를 간직하고 있는 비봉이 보인다. 서울을 방어하며 백성들의 안위를 지키기 위해 쌓았던 한양도성의 모습들도 언뜻언뜻 내보인다. 시선을 남동쪽으로 돌리면 몽골군에 항복하여 치욕을 겪었던 역사의 현장인 남한산성과 삼전도가 고스란히 시야에 들어온다.

지금은 서울 최고의 노다지로 일컬어지는 땅들이 불과 300년 전에는 쟁탈과 치욕의 현장이었다는 사실이 잘 믿겨지지 않는다. 서울의 역사를 그대로 간직한 채 제자리를 지키고 있는 북한산과 한강은 오늘도 유유히 흐르고 있다. 서울에는 북한산, 관악산, 북악산, 수락산, 불암산 등 빼어난 명산들이 즐비해 있다. 서울과 같은 큰 도시가 이런 명산을 곁에 두고 있는 곳이 세계적으로도 선례가 많지 않다고 한다. 그런데 우리들은 이처럼 빼어난 산들이 너무나 가까이에 있어서 소중함을 쉽게 간과해 버리곤 한다. 하지만 산이 우리에게 베푸는 수혜는 이루 다 말할 수 없이 많다는 사실을 가끔은 반추해 볼 일이다.

나는 책을 만드는 사람입니다

5부
경영

16. 학지사
17. 심리학
18. 북아현동
19. 서교동

16 학지사

 학지사를 창업하고 나서 일관되게 유지해 온 핵심가치는 '신뢰와 상생'이다. 이 두 핵심가치는 내가 인생을 살아오면서 가장 중요하게 여겨 온 원칙이자 원리다. 신뢰와 상생은 '모두 함께'라는 전제를 상정해야만 의미가 있다. 즉, 상대를 염두에 둔 가치기준이라는 것이다.
 신뢰는 상대가 나에 대해서 평가해 주는 평판의 정도로서, 단기적인 평가이기보다는 비교적 장기적인 평가라고 할 수 있다. 사람에 대한 평가는 시간을 두고 계속 변화하는 속성을 가지고 있기 때문이다. 어제는 좋아 보였던 사람이 오늘 다시 보니 형편없는 사람이었네 하고 평가가 변했다면 평가자가 사람을 제대로 보는 눈이 없었든지, 피평가자가 상대를 속이는 능력이 출중했든지 둘 중 하나일 것이다. 그래서 언행이 일관된 사람에게 신뢰도가 높다. 나는 누구에게나 신뢰받을 수 있는 사람이 되고자 많은 노력을 기울이며 살아왔다. 신뢰라는 것이 내가 그렇게 사람들에게 보이려고 노력한다고 해서 그런 평가를 받게 되는 것은 아니다. 신뢰는 그 사람의 내면 깊숙이 담겨 있는 품성에서 배어나오기 때문이다.

또 하나의 핵심가치는 상생이다. 사람들 간의 관계가 일방적일 때 그 관계는 오랫동안 지속되기가 어렵다. 우선 쉬운 예로 짝사랑은 성공하는 관계로 지속되기가 어려울 뿐만 아니라 오래 유지되기도 어렵다. 특히 비즈니스 관계는 상호작용을 전제로 이루어진다. 이익이 발생하는 지점에서 상호 협력이 발생하는 것은 너무나 당연하다. 하지만 이런 상식적인 거래가 원만하게 이루어지지 못하는 경우도 흔하게 발생한다. 그러면 생산적인 파트너십을 형성하기가 어렵고 결과에 대한 만족도도 높을 수가 없다.

따라서 신뢰와 상생은 바늘과 실처럼 연동되어야 시너지를 낼 수 있다. 서로 신뢰하면 상생할 수 있게 되고, 상생이 잘 이루어지면 저절로 신뢰가 형성되어 성공적인 파트너십을 만들 수 있게 된다.

신뢰와 상생이라는 핵심가치는 비단 거래처와의 관계만을 의미하지는 않는다. 학지사의 저자이신 교수님들이나 주요 고객이라고 할 수 있는 학생들에게도 똑같이 적용된다.

학지사에서는 심리학이나 교육학 등의 학술도서를 주로 출간하고 있는데 출간된 도서의 내용이 신뢰할 수 없는 내용으로 채워져 있다면 책의 형태만 갖추었을 뿐 휴지조각보다 못한 종이 묶음에 불과할 것이다. 그래서 학지사에서는 믿을 수 있는 최상의 콘텐츠를 만들기 위해 저자에 대한 검증과 도서에 대한 검증에 심혈을 기울이고 있다.

나는 학지사를 소개할 때 '출판미디어기업'이라는 네이밍으로 안내를 하고 있다. 이는 심리학과 교육학, 사회복지학 도서를 출판하는 학지사, 간호보건의학계열 도서를 출판하는 학지사메디컬, 각종 심리검사를 개발하고 보급하는 인싸이트, 학술논문을 서비스하는 뉴논문, 원격교육연수원을 운영하고 있는 카운피아, 각 사업부에서 생산된 다양한 콘텐츠를 온오프라인 교육으로 풀어내는 학지사에듀, 학술도서 전문 전자책사업부인 캠퍼스북으로 이어지는 사업부들이 유기적으로 작동하며 시너지를 창출하는 구조를 설명하고 있는 네이밍이다.

이 용어는 학지사가 지향하는 미래를 함축하는 것이기도 하다. 학지사는 심리·교육·간호보건 분야의 양질의 콘텐츠를 생산하고 가공하여 유통하는 콘텐츠기업을 지향하고 있다. 하지만 출판 콘텐츠의 활용을 통해 영리를 추구하는 기업이라 할지라도 콘텐츠에 체온을 담아내는 일에도 정

성을 다하고 있다. 학지사는 사회로부터 소외되고 심리적으로 고통받는 이들이나 이들을 돕는 종사자들에게 유용한 콘텐츠를 지속적으로 개발해 왔다. 미래 교육정책을 설계하는 교육정책입안자나 교육현장의 관계자들에게 꼭 필요한 콘텐츠도 꾸준히 개발하여 보급해 왔다.

학지사의 많은 책 중 『심리학의 이해』는 우리 회사가 심리학 전문출판사로 자리매김할 수 있는 계기를 만들어 준 책이다. 이 책은 1993년도에 초판이 출시된 후 27년간 개정판만 5번이 나왔고, 20만 부 이상 판매가 되었으니 심리학계를 대표하는 스테디셀러라고 할 수 있다. 아마도 심리학을 전공하거나 공부한 사람이라면 매우 낯익은 책이 아닐까 한다. 4~5년을 주기로 꾸준히 개정을 하고, 이 책으로 공부했던 분들이 교수가 되어 집필진으로 참여하여 대를 이어서 스테디셀러의 자리를 유지하고 있다. 이처럼 학문의 결을 계승하고 발전시키는 선후배 교수님들 간의 끈끈한 연대의 힘이 지금의 학지사로 성장시켜 준 저력이다.

처음 출판을 시작할 당시에는 번역서보다는 저서 개발을 많이 해야겠다는 생각을 했다. 번역서는 해외 저작권료도 많이 나가지만 우리나라 학문이 좀 더 발전하기 위해서는 번역서보다 저서가 많이 개발되어야 한다는 소신에서 그렇게 유도해 왔다. 그런데 출판을 하다 보니 번역서와 저서가 상호보완적인 관계를 이루면서 개발되어야 학문의 폭이 더 넓어질 뿐만 아니라 새로운 경향의 학문을 국내에 소개하게 되는 계기가 된다는 생각에 번역서도 30% 정도의 비중으로 꾸준히 출간하고 있다.

학문은 옛것을 바탕으로 늘 새로운 변화와 진보를 갈망한다. 천재 건축가 가우디가 짓던 성당을 100년이 지난 지금까지도 대를 이어서 짓고 있듯이, 각 학문 분야에서 오랜 연구로 얻어지는 결과물들을 세상 밖으로 드러내게 하는 출판도 이와 다르지 않다고 본다. 나무를 가꾸듯이 매 순간 정성을 들여 적절하게 개정과 보완을 해 주어야만 꾸준히 독자에게 사랑받는 스테디셀러의 지위가 유지될 수 있다.

학지사는 여느 학술 출판사에 비하면 편집부 직원이 매

우 많은 편이다. 직원이 많은 것이 특별히 자랑할 일은 아니지만 책을 잘 만들기 위해서는 이 일을 잘 수행할 수 있는 장인들이 많이 투입되어야 하는 것은 당연지사다. 책은 만드는 사람의 열정과 정성의 크기만큼 그 과정에 정말 많은 공을 들인다. 이렇게 한 권 한 권 만들다 보니 5,800여 종을 만들게 되었고, 훌륭한 저자분들 덕분에 좋은 책을 계속 출판할 수 있어서 항상 감사한 마음으로 충만되어 있다. 책을 집필한 저자분들은 자식을 낳는 마음이겠지만, 책을 만드는 사람도 도자기를 빚어내듯 한 치의 실수도 용납되지 않은 책을 만들고자 온 정성을 쏟는다. 그러다 보니 한철을 보내고 나면 시름시름 앓는 편집자들도 생겨난다.

학지사는 심리학, 교육학 전문 출판사이다. 심리학은 인간을 이해하는 학문이다. 교육학, 특수교육, 사회복지, 유아교육 등등의 학문은 모두 심리학과 더불어 발전된 학문이다. 그 한 예로, 흔히 사회복지는 '어려운 사람을 돕는 일'이라는 인식이 보편화되어 있다. 하지만 사회복지를 더욱 깊이 이해하면 정신적인 부분의 복지가 큰 비중을 차지하고 있다. 정신적으로 어려운 처지에 놓인 사람들은 사회적 관심, 정책적 고려 대상에서 사각지대에 놓이는 경우가 많다. 그러다 보면 더욱 극한의 처지에 내몰릴 수밖에 없는 경우가 발생한다. 이런 사람들의 입장과 처지를 제대로 이해하고 적절한 지원책을 마련하기 위해서는 이들의 심리상태도 적극적으로 고려되어야 한다.

심리학은 정신적으로 어려운 처지에 놓인 사람들에게 올바른 정책적 지원을 제공할 수 있는 이론적 토대가 되어 주기도 한다. 학지사는 심리학 기본 이론서 외에도 상담 및 심리치료 분야의 다양한 책들을 많이 출간하고 있다. 사람들은 우울증이나 불면증에 시달리거나 알코올 중독에 빠진 사람 혹은 정신병을 앓고 있는 사람들을 획일적이고 부정적인 시각으로 바라본다. 쉽게 이야기하면, 예전에는 '정신병 또는 정신질환이 있는 사람'을 그냥 '미친 사람'으로 통칭하여 동일시하는 시각이 있었다. 그러나 심리학 분야가 발전되고 많은 연구가 이루어지면서 관련 자료와 도서들이 많이 출간되었고, 그 중심에 학지사의 도서들이 역할을 했다고 생각한다. 학지사의 책들은 사람들의 부정적인 인식을 정신질환도 외과치료와 똑같이 치료가 필요한 마음의 질병일 뿐이라는 인식으로 전환시켜 주는 데 큰 기여를 했다고 생각한다. 이렇게 심리학을 중심으로 교육학, 유아교육학, 특수교육학, 사회복지학, 광고홍보학 등의 학문 분야에서 기초가 되는 책, 바이블이 될 만한 책들을 꾸준히 출판해 오고 있다.

이와 동시에 〈인싸이트〉 사업부를 통해서는 각종 심리검사를 개발하여 보급하고, 〈와이즈박스〉에서는 심리치료나 상담을 위한 각종 도구를 개발하고 있다. 〈학지사메디컬〉에서는 간호보건계열 도서를, 〈학지사에듀〉에서는 온오프라인 교육사업을 전개하고 있다. 〈뉴논문사업부〉에서는 교보문고와 컨소시엄을 구축하여 논문서비스사업을 진행하고 있다. 〈이너북스〉라는 자회사를 설립하여, 심리학의 기본이론을 대중화시키려는 노력도 함께 기울이고 있다.

학지사는 여러 유관사업을 동시에 전개하고 있지만 책을 만드는 출판사라는 정체성은 결코 잊지 않을 것이다. 인간의 영혼을 담을 수 있고 치유할 수 있는 책의 힘을 믿기 때문이다. 고대와 중세의 도서관에는 "영혼을 치유하는 장소, 영혼을 위한 약상자"라는 글귀가 새겨져 있었다고 한다. 책은 지식과 지혜를 주지만 마음을 치유하고 영혼을 맑게 하는 힘도 가지고 있다고 굳게 믿었기 때문일 것이다. 우리는 그런 책을 만들어 독자와 만나려고 한다.

나는 '어둠 속에서 힘을 기른다.'는 뜻의 '도광양회(韜光養晦)'라는 말을 참 좋아한다. 학지사를 창립하고 나서 다양한 분야로 사업 영역을 확대하다 보니 내실을 다지는 일에 소홀함은 없는지를 더 꼼꼼하게 챙겨야 했다. 학지사는 규모가 작더라도 알차고 신뢰할 수 있는 기업으로 성장시켜 나가야겠다는 것이 나의 평소 소신이었기 때문이다. 현재 학지사는 모두 7개의 사업부로 구성되어 있다. 새로운 분야로 사업 영역을 확장해 갈 때마다 사업부의 숫자만 늘려 가고 있는 것은 아닌지 나는 도광양회의 참뜻을 되새기며 반추해 보곤 한다. 혹여라도 조금 성장하였다고 나의 초심을 잃게 되지나 않을까 두렵기 때문이다.

17 심리학

　심리학이란 학문은 인간의 마음과 행동을 과학적으로 연구하는 학문이다. 예술, 종교, 인문학은 직관을 통해서, 사회과학의 여러 분야는 문화 구조 등을 연구함으로써 인간을 이해하고자 한다면, 심리학은 과학적 연구방법을 통하여 인간의 마음을 직접 연구한다는 것이 여느 학문과 다른 점이다. 심리학은 인간의 마음과 행동을 대상으로 하기 때문에 주제가 다양하고 광범위하다. 기초 심리학 분야로는 인지심리, 지각심리, 학습심리, 성격심리, 생물심리, 사회심리, 언어심리, 발달심리 등이 있고, 응용심리학으로는 임상심리, 상담심리, 산업 및 조직심리, 소비자광고심리, 범죄심리 등을 들 수 있다.

　심리학이 사색의 차원을 뛰어넘어서, 검증 가능하고 재현 가능한 과학의 개념으로 출범한 지는 100년이 되었고, 우리나라에서는 이제 겨우 50년이 넘어가고 있다. 그런 만큼 나는 심리학은 무궁무진하게 발전할 수 있는 영역이라고 생각했다. 학지사가 심리학 도서 개발을 토대로 성장해 왔지만, 다른 한편으로 생각해 보면 우리나라 심리학계의 성장과도 궤를 같이 해 왔다고 해도 틀린 말이 아닐 것이다.

그동안 학지사가 발간한 도서는 5,800여 종에 이른다. 이 중에서 약 50%가 심리학 관련 도서이니까 대략 2,900종이 인간의 심리를 주제로 한 책이라고 볼 수 있다. 어떤 학문 분야의 도서를 한 출판사에서 2,900여 종 발간했다고 하면 결코 적은 수는 아닐 것이다. 사실 이 정도면 심리학 분야의 거의 모든 영역을 소개하고 정리했다고 볼 수 있다.

학지사에서 개발된 책들은 심리학 연구자뿐만 아니라 일반인의 삶의 영역에까지 영향을 미치며 성장해 왔다. 특히 번역서의 경우는 해외의 새로운 경향이나 이론을 소개하고 있어서 연구자들에게는 꼭 필요한 책이다. 그러나 상대적으로 학생들보다는 연구자들에게 더 필요하기 때문에 그만큼 수요는 적을 수밖에 없다. 따라서 판매도 부진할 수밖에 없는 구조이므로 교재성 원서가 아닌 연구서들은 어느 출판사든 출간을 꺼리지만, 학지사에서는 좋은 내용의 책이라면 출간을 망설이지 않았다.

그러다 보니 영업부에서는 잘 팔리지도 않는 책을 만들어 놓고 우리들더러 판매하지 못한다고 한다며 볼멘소리를 하기도 한다. 영업부에서 경영 합리화라는 차원에서 늘 제기하는 문제이기도 하다. 하지만 나는 이런 투자가 결국 심리학 분야의 연구를 활성화하고 새로운 이론과 방법론들이 새롭게 싹터 갈 수 있는 토대를 만든다고 생각해 왔다. 궁극적으로는 심리학 분야의 이론적 토대를 튼튼하게 할 뿐만 아니라 심리학 관련 업종에 직간접으로 종사하는 사람들을 늘려서 심리학 시장을 넓히는 일이라고 믿어 왔다.

만약에 내가 경제적으로 바로 이득이 될 것 같은 교재에만 전념하고 이런 연구서의 개발에는 등한시했더라면 우리나라에서 심리학이라는 학문 분야가 지금처럼 성장할 수 있었을지 의문이다. 학지사 역시 지금처럼 성장할 수 없었을 것이다. 이는 자연의 생태계와 너무나 닮아 있다.

과일나무들은 해갈이를 해줘야지만 꾸준히 좋은 결실을 맺을 수 있다. 토지에 퇴비를 꾸준히 뿌려주어야 비옥한 땅을 유지할 수 있다. 하지만 과실을 수확하는 데에만 급급하다 보면 오랫동안 농사를 지을 수 없을뿐더러 수확도 적정량을 담보할 수가 없는 것과 같은 이치다. 그래서 나는 심리학의 다양한 영역의 새로운 이론이 소개되고 있는 책이라고 하면 망설이지 않고 출판을 해왔다.

처음 학지사에서 교재 개발을 시작했을 때 업계에서는 우리 회사가 번역서는 출간하지 않는다고 하더라는 오해가 있었다. 학지사 초창기에는 우리나라 교수님들께서 직접 집필하신 책보다 외국 원서가 주를 이루고 있는 상황이 바람직하지 않다고 보았다. 그래서 번역서보다는 저서집필을 우선시해서 저서와 원서의 비중을 어느 정도 맞춰갈 필요가 있다고 생각하고 저서집필을 요청 드리곤 했는데, 이런 취지가 왜곡되어 그런 이야기가 회자된 것 같다.

현재 학지사에서 발행하고 있는 도서의 70%는 저서, 30%는 번역서라는 비율은 암묵적으로 지켜져 내려오고 있는 불문율이다. 저서가 좋은지 번역서가 더 활용가치가 높은지는 굳이 우열을 가릴 필요는 없다. 저마다 각기 다른 필요성을 가지고 있기 때문이다. 다만 학문은 신구나 동서양의 이론이 고루 조화를 이룰 때 가장 이상적인 모습을 갖추게 된다는 것이 나의 출판지론이다.

어쨌든 심리학이라는 학문 분야에 필요한 많은 도서들을 개발하여 심리학계의 발전에 조금이나마 기여를 했고, 결과적으로 대한민국 사람들의 정신건강을 유지하도록 돕는 데 미약하나마 기여했다는 데서 나는 큰 보람을 느낀다.

인문도서 베스트셀러 목록을 보면 심리학을 주요 키워드로 한 도서가 상위를 차지하고 있다. 먹고 살 수 있는 여유가 생긴 이후에야 마음과 정신건강에 대해 관심을 갖게 된다고 한다. 그러다 보니 일반적으로 국민소득이 1만 달러에서 2만 달러 이상이 될 때에야 그 나라의 심리학 분야의 학문이 꽃을 피운다고 한다. 우리나라는 1995년에 1인당 국민소득이 처음으로 1만 달러를 넘어섰으니 바로 이 즈음이 심리학에 대한 사회적 관심도 많아졌던 시기라 볼 수 있다. 나는 이보다 3년 앞선 1992년에 학지사를 창립하여 심리학 도서 출판을 하고 있었으니, 사회적인 관심 시기와 출판시장 진입 시기가 어찌 보면 딱 맞았다고 할 수 있다. 때를 잘 만난 것이 내게 큰 행운이었다. 현재도 심리학에 대한 연구가 다방면에서 활발하게 진행되고 있고, 일반인의 심리학에 대한 관심도도 매우 높아지고 있어서 이 분야의 도서 출판 시장은 지속적으로 확대될 것이라고 생각한다.

제2의 IMF라 할 만큼 심각한 경제적 위기를 대면하면서 우울증 및 자살이 사회문제화되고 있다. 이런 시기일수록 상처받은 마음을 어루만질 수 있는 심리학 도서의 역할이 클 것이다. 서점가에서 '심리학'이나 '심리치료' 분야의 도서가 계속 '베스트셀러'로 등장하고 있는 것도, 사회에 만연해 있는 '성공'이나 '부'만을 쫓는 현재의 모습 이면을 잘 보여 주는 증거라고 생각된다.

나는 앞으로도 학교에서 부각되고 있는 아이들의 '왕따 문제'나 '학교폭력문제' 등을 다루기 위한 '학교상담 분야'는 물론이고, 이혼이나 노사 간 갈등, 범죄심리 등 사회 전반에서 대중들의 요구와 관심에 부응하는 책들을 많이 출간할 계획이다. 코로나19 팬데믹으로 인해 대한민국은 물론, 전 세계가 모두 물리적·심리적으로 매우 힘든 시기를 보내고 있다. 코로나의 영향으로 학생들이 등교조차 제대로 할 수 없어, 새 학년 새 학기를 맞아 활기를 띠어야 할 학교들이 조용하다. 수업이 온라인으로만 진행되다 보니 그에 따라 교재 구입도 현저히 줄었고, 학술출판계는 이로 인한 타격을 고스란히 받고 있다. 위기를 피부로 직접 느끼고 있는 요즘이지만, 지금까지 많은 어려움을 출판에 대한 긍지와 새로움에 대한 도전 정신으로 이겨 왔듯이, 앞으로도 이 위기를 지혜롭게 헤쳐 나가고자 한다. 위기가 있기에 기회가 있고, 실패가 있기에 성공이 있듯이 이제 코로나19 팬데믹도 머지않았다.

18 북아현동

    MBC에서 방영된 〈옷소매 붉은 끝동〉이라는 드라마는 정조와 의빈성씨의 로맨스를 당시의 역사적인 사실과 부합되게 잘 그려내서 많은 사람의 호평을 받았다. 정조는 사도세자의 아들로 태어나서 할아버지 영조의 눈치를 보면서도 지혜롭게 처신하여 마침내 왕위에 올라 많은 치적을 남긴 성군 중의 성군으로 추앙받고 있다. 왕위에 오르기까지 반대진영의 견제를 이겨내고 영조의 괴팍한 성정을 맞추느라 외롭고 힘들었을 당시에 정조의 곁을 지켜주고 응원해 주었던 의빈성씨는 정조에게 큰 의지처가 되었음이 분명하다.
    정조는 사도세자의 장남은 아니었다. 사도세자의 장남은 혜경궁 홍씨 사이에서 정조 이산보다 두 해 먼저 태어난 의소세손 이정이었다. 의소세손은 영조가 가장 사랑하고 아꼈던 화평옹주가 22세의 나이로 세상을 떠나고 난 뒤 탈상이 끝나는 날 태어났다고 하여 영조에게는 그리 달갑지 않은 손자 취급을 받았다. 나중에 화평옹주와 같은 위치에 점이 있다는 사실을 알고 난 연후에야 비로소 총애를 하였다 하니 영조의 성정이 어땠을지 짐작해 볼 수 있을 것 같다.

의소세손 이정과 두 살 터울로 태어난 정조 이산이 한 살 되던 해에 의소세손은 별다른 지병 없이 훙서했다. 만약 의소세손이 건강하게 잘 자라서 영조를 뒤를 이어 조선의 제22대 왕이 되었다면 조선의 역사는 또 어떻게 바뀌었을지 사뭇 궁금하다. 의소세손은 처음엔 지금의 추계예대 자리에 모셔졌다. 그 후 의소세손의 묘원인 의령원은 정조와 의빈 성씨 사이에서 태어나 그 역시 요절한 문효세자의 묘소인 효창원과 함께 서삼릉에 모셔져 있다. 큰아버지와 조카 사이의 인연이 참 깊다.

의소세손의 묘소가 옮겨간 터에는 추계예대가 들어서기 전인 1910년대에는 우리나라 최초의 수목원이 조성되어 있었다고 하니 당시 북아현동은 산세가 매우 좋은 곳이었던 모양이다. 1930년대 모더니즘 대표시인인 정지용의 북아현동 하숙집을 드나들던 윤동주 시인은 이 즈음에 〈별 헤는 밤〉, 〈서시〉 등 대표작을 발표했다고 한다. 1970년대 〈별들의 고향〉 작가 최인호는 한성고 입구 복수탕 2층에 신혼

방을 차리고 밤새워 소설을 써서 베스트셀러 작가가 되었다 하니 북아현동의 품은 문인들의 산실이 되기도 했던 것 같다. 북아현동은 한국일보 창업주 장기영 회장, 포철 박태준 회장, 강영훈 전 총리, 정치인 이기택, 오리온 창업주 이양구 등이 뿌리를 내리고 각각의 전문 분야에서 괄목할 만한 성과를 이룬 터전이기도 하다.

이런 북아현동은 학지사에게도 특별한 의미가 있는 곳이다. 학지사가 처음 자리를 잡은 곳은 아현초등학교 옆 서강빌딩이었지만, 두 번째와 세 번째 보금자리를 내어 준 곳은 북아현동이었다. 학지사가 본격적인 성장 가도를 달리기 시작한 때는 세 번째 보금자리를 북아현동 혜전빌딩에 틀고 나서부터였다. 혜전빌딩은 지하철 2호선 아현역에서 하차하여 2번 버스를 타고 종점까지 올라와서 내리면 오른편에 있는 5층짜리 선물이었다. 학지사는 이 건물의 2층과 지하층을 임대하여 2층은 사무실로 사용하고 지하층은 물류창고로 활용하였다.

2층 사무실도 처음에는 반쯤 막아서 창고로 사용하다가 일산 장항동에 첫 물류창고를 마련한 뒤에는 전체를 사무공간으로 활용하였다. 2층 사무실 한 켠에는 회의실 공간을 만들어서 20명이 채 안 되는 직원들을 모아놓고 한국리더십센터의 김능원 교수님을 초빙하여 리더십 교육을 여러 차례 실시하곤 하였다. 20명도 안 되는 소수의 인원으로 구성된 조그만 신생 출판사였음에도 불구하고 강사까지 초빙하여 리더십 교육을 주기적으로 시행했다는 것이 지금 생각해도 참 잘한 일이었다 싶다.

직원교육을 해야 직원들의 역량을 향상시킬 수 있고, 직원들의 역량이 향상되어야 회사의 발전을 기대할 수 있다는 소신은 지금도 변함이 없다. 그래서 나는 지금도 직원교육에 남다른 관심을 기울이고 있다. 우선 임원들을 서울에 소

학지사 초창기 사무실이 있었던 건물들이다. 첫 번째 사무실은 아현초등학교 옆 서강빌딩에 있었고, 두 번째 사무실은 북아현동 경의선 철길 바로 옆에 있던 유치원 3층에 있었는데 지금은 건물이 철거된 자리에 공원이 조성되어 있다. 세 번째 사무실은 북아현동 2번 마을버스 종점 근처에 있던 혜전빌딩 2층에 입주했었다.

재한 정규 대학의 대학원에 입학시켜서 석사과정을 공부하게 하고 있고, 간부사원이나 팀장 등은 직급별로 IGM 세계경영연구원에서 운영하는 교육 프로그램에 정례적으로 참여시켜 역량을 강화해 오고 있다. 또한 학지사에듀사업부에서 각종 워크숍을 진행하면서 쌓아온 경험과 노하우를 바탕으로 체계적인 전사 HRD 전담 교육 프로그램을 마련하여 직원들의 역량강화 교육을 주기적으로 실시하고 있다. 향후에는 사내 강사들도 다수 육성하여 과장, 대리, 사원 직급 사원들의 직무교육에 투입할 예정이다. 이처럼 학지사의 북아현동 시절은 성장을 위한 토대를 마련하는 시기이기도 했지만, 조직의 체계화를 위한 준비기이기도 했다.

  그 시절에 직원채용을 위해 공고를 내놓으면 응시자가 전화로 회사 위치에 대한 안내를 요청하는 경우가 있었는데, "지하철 2호선 아현역에 내려서 마을버스 2번을 타고 종점에서 내려서 오른쪽을 바라보시면 학지사 건물이 보입니다." 하면 목소리가 흐려지면서 면접을 취소하기도 하던 기억이 이제는 추억이 되었다. 하지만 퇴근할 때는 언덕길을 내려가면서 직원들끼리 담소를 나누기도 하고, 참새방앗간에 들러 맥주나 소주 한 잔을 기울이던 재미로 하루를 마감했던 것도 직원들의 번외 즐거움이었다.

  그때는 직원 수가 많지 않았기 때문에 사무실에서 각자 자리에 앉은 채로 이야기를 하다 보면 굳이 회의를 따로 할 필요도 없이 자연스럽게 서로 의견을 나누거나 정보를 공유하는 전사 회의장이 되곤 했다. 직원들끼리 또는 직원과 간부 사원들 간에 소통할 수 있는 시간이나 계기도 많이 만들어졌다. 그러다 보니 대표인 나와 직원들 간의 술자리도 자연스럽고 빈번해서 서로 소통의 어려움을 겪지는 않았던 것 같다. 물론 이런 상황을 긍정적으로 생각하면 그렇지만, 불편하고 업무 집중도를 떨어뜨리는 요인이 되기도 했을 것이다.

지금은 일 년이 다 지나가도록 몇몇 간부직원들을 제외하고는 다른 직원들과 따로 식사 한번 하기가 어렵다. 물론 회사의 대표가 160명이 넘는 사원들과 직접 대면하면서 별도의 시간을 갖는다는 것이 현실적으로 힘든 일이겠지만 직원 개개인의 이야기를 들어주고 속내를 들여다볼 기회가 좀처럼 만들어지지 않는 것은 못내 아쉬운 부분이다. 그래서 가끔 호프데이를 열어 회사 앞 맥주집을 정해 두고 동료직원들끼리라도 호프를 즐기며 마음을 터놓고 이야기를 나눌 수 있는 자리를 만들기도 했지만 요즘은 코로나가 극심한 상황이라 이 역시 여의치가 않다.

북아현동의 황룡이발관이 떠오른다. 지금도 내가 30년째 단골로 이용하고 있는 곳이다. 시설은 옛 모습 그대로라 오래되고 불편해 보이지만 사장님의 이발 실력만큼은 단연 최고다. 기능올림픽대회가 장인들에게는 명예로운 등용문이 되던 시절에 당당히 금메달을 따서 실력을 공인받아 지금도 자긍심이 대단하시다. 이기택 총재나 이대 교수님들이 굳이 이곳을 찾아와 이발을 하는 명소였다고 하니 과히 그럴 법도 하다. 화려하고 편리한 시설을 갖추고 손님들을 맞이하는 요즘의 이발관들에 비해서는 여러 가지로 부족함이 많아 보이지만, 아직도 빨래비누와 물바가지를 사용하는 이곳에서 나는 뭔지 모를 향수와 더 깊고 아늑한 편안함을 느낀다.

19 서교동

홍대거리의 중심부를 이루는 동네는 서교동이다. 홍익대학교가 미대로 유명한 곳이다 보니 가난한 화가들이 좁은 화실을 마련하여 그림을 그리던 공간이었는데 지금은 젊은이들이 많이 찾는 명소가 되면서 많은 상가들이 모여들어 젊음의 거리로 변모했다. 처음에는 임대료가 비교적 싸다는 점이 홍대 상권 형성에 가장 직접적인 계기가 되었다가 각종 음식점들이 맛집으로 소문나고 젊은 사람들이 모이기 시작하면서 이제는 젊음을 상징하는 서울의 대표 명소로 자리 잡게 되었다. 하지만 사람들이 모이니 임대료도 상승하고 영세 상인이나 화가들은 홍대를 떠났고 그 자리에는 옷가게나 상가들이 입점했다.

지금은 서교동뿐만 아니라 인접해 있는 망원동과 연남동

까지도 덩달아서 떠오르는 명소가 되면서 일대가 K-culture를 대표하는 곳으로 세계인들의 주요 관광코스가 되었다. 코로나19의 영향으로 관광객들의 방문이 잠시 줄기는 하였지만 홍대거리는 여전히 움츠린 젊은이들의 분출구가 되어 절제된 젊음을 발산하며 코로나 상황이 조속히 마무리되기를 염원하고 있다.

서교동은 유난히 출판인들에게 사랑받는 동네다. 파주 출판단지와 이어지는 길목에 위치해 있는 점도 서교동에 출판사들이 많이 입주할 수 있는 계기가 되었겠지만, 단독주택이 많고 공장과 같은 유해시설이 많지 않아서 조용히 책을 만들기에는 안성맞춤이라 여긴 까닭이 아닐까 싶기도 하다. 서교동에는 유독 목련나무 한 그루, 감나무 한 그루 심어진 집들이 많다. 골목이 있고 골목에는 사람들이 이웃을 이루며 살아가는 풍경이 어렴풋이 남아 있는 동네였다. 출판인들이 사랑할 만한 동네였던 것이다.

북아현동에서 서교동으로의 이동은 학지사에게 큰 의미가 있다. 가장 큰 의미는 학지사의 정체성을 정립해 갈 수 있는 첫 사옥을 갖게 되었다는 점이다. 재산적 가치로서의 사옥이 주는 뜻도 있겠지만, 회사의 성장을 나타내는 상징이자 미래를 준비하는 발판을 마련했다는 의미를 갖기도 한다. 또한 사옥을 갖게 됨으로써 얻는 실질적 의미는 직원들이 각자의 고

유 업무에만 집중할 수 있는 공간을 확보했다는 것이다.

　북아현동 사무실 시절에는 열댓 명 하던 직원 수가 스무 명 남짓으로 늘어나니 사무공간도 비좁아지기 시작했다. 회의를 한번 하자면 앉은 자리에서 스탠딩회의를 하거나 사무실 구석진 공간에 둘러 앉아 두런두런 이야기를 나눠야만 했다. 직원교육 차원에서 강사를 초청하여 특강이라도 들으려고 하면 사무실 구석에 옹기종기 모여 앉아서 강의를 들어야만 했다.

　학지사가 점차 성장하면서 인력에 대한 수요도 증가하였고 이렇게 포화상태에 이른 사무공간을 확장하고 인력충원 수요를 감당하기 위해 공간 확장에 대한 필요성이 절실해졌다. 그래서 이리저리 사옥부지를 물색하다가 2005년에 현재 위치인 서교동에 부지를 마련하여 전체 6층짜리 사옥을 건립하게 되었다. 나는 '심리학'을 다룬다는 회사 정체성과 맞도록 이 건물에 '마인드 월드'라는 빌딩명도 지었다.

　처음 입주했을 때는 우선 3개 층만 우리가 사용하고 나머지 3개 층은 임대를 내주어서 융자금의 이자 변제에 융통하였다. 하지만 사옥에 입주한 지 몇 해를 지나고는 전체 층을 우리가 쓸 수밖에 없게 되었다. 그동안 잠재되어 있던 인력충원에 대한 수요를 충당하고 사업부를 늘려가다 보니, 넉넉하다고 생각했던 공간이 금세 차서 부득이 임대를 내주었던 나머지 층들도 모두 사용하게 된 것이다.

  지금 생각해 보면, 만약 그때 서교동 사옥을 마련하지 못했더라면 지금처럼 학지사가 성장할 수 있었을까 싶다. 결국 기업은 아무리 좋은 아이템을 가지고 있어도 이 아이템을 활용하여 수행할 만한 적합한 인력을 선발하여 충당해 주지 못하면 무용지물에 불과하다. 따라서 기업에서 가장 중요하게 생각하고 역점을 두어 수행해야 할 일은 바로 좋은 인재를 모아 해당 기업에 최적화된 재원으로 육성하는 일이다.

왼쪽 사진이 서교동 본사인 '마인드 월드'이며, 오른쪽은 2022년에 마련한 제2사옥 '마인드 포레스트'이다. 특히 '마인드 월드' 외관에는 심리학에서 유명한 몇몇 그림들을 걸어두어, 학지사의 정체성을 표현하면서도 지나가는 사람들에게 소소한 재미를 줄 수 있도록 하였다.

인력이 확보되면 그들이 자신의 기량을 마음껏 펼칠 수 있는 환경을 만들어 주어야 하는데, 그 첫 번째 요소가 바로 기업 구성원들의 전용공간이라고 할 수 있는 사옥을 마련하는 것이다. 물론 사옥이 반드시 매입된 형태의 것일 필요는 없겠지만, 그래도 가급적이면 기업의 지속성이나 안정성을 고려하여 회사 소유의 건물이면 더 좋을 것이다.

현재 학지사의 개별 사업부가 7개에 달하다 보니 직원 수도 160여 명을 상회하고 있다. 또다시 공간 부족의 문제가 생겼고, 그래서 몇 해 전부터 한두 개의 사업부가 사옥 밖 다른 공간을 임대하여 나가 있어야 하는 상황이 발생했다. 그러다 보니 나가 있는 사업부의 직원들과의 대면 미팅 횟수도 줄어들고 해당 사업부에 대한 관심도도 낮아지는 듯했다. 매출 성과 역시 기대에 미치지 못하는 해가 많았다. 다시 한 번 큰맘을 먹고 제2사옥 설립 계획을 세워서 2022년에 본사 가까운 곳으로 '마인드 포레스트'라는 빌딩명의 제2사옥을 마련하였다. '마인드 포레스트'에는 심리검사 개발부서인 인싸이트와 기타 연관 부서가 입주해 있다. 이렇게 하니 본사인 '마인드 월드' 빌딩에는 공간의 여유가 다소 생겨서, 그동안 마음만 먹고 실천하지 못했던 인문학자료관을 겸한 심리학 체험형 커뮤니티 홀을 만들게 되었다. 그리고 본사 2층은 워크숍과 전체회의를 진행할 수 있는 회의 공간으로 활용하고 있다. 공간의 일부는 라이브러리를 만들어서 그동안 학지사에서 만든 모든 책들을 진열하고 타사 책들을 일부 구입하여 자료실로 활용하고 있다.

특히 1층 공간은 'Mind B'라는 상호명으로 카페를 겸하여 심리학에 관심이 많은 사람들의 공유 공간으로 활용될 수 있도록 하였는데, 다양한 이벤트나 프로그램을 운영함으로써 공간 활용의 활성화를 위해 여러 가지를 시도해 보고 있다.

서교동은 학지사의 제1, 제2 사옥이 자리 잡고 있는 곳이다. 학지사가 도약하고 성장해 온 터전이 된 곳이다. 그래서 지역 주민들에게도 가능한 한 많은 공헌을 해야겠다는 생각을 가지고 실천 방안도 다각도로 모색하고 있다.

서교동은 출판인들의 메카이기도 하다. 나는 서교동에 와서 여러 출판사 대표님들과 교류하며 좋은 인연을 맺기도 하였다. 이분들과 함께 서교동을 출판을 테마로 하는 문화특구로 발전시켜 나가는 방안에 대해 머리를 맞대고 궁리에 궁리를 거듭하고 있다. 서교동은 나의 출판인생에서 빼놓을 수 없는 인연과 경험을 쌓아온 매우 뜻깊고 유서 깊은 곳이다. 학지사의 역사에 있어서도 빼놓을 수 없는 곳이다. 서교동에 보금자리를 튼 이후 괄목할 만한 성장을 이루었고 100년 기업 학지사의 신화를 써나가기 위해서 부단히 노력하고 있는 곳도 바로 이곳이다. 서울동명유래에 의하면 서교동은 옛날

연희동 골짜기에서 흘러내렸던 개울이 이곳에서 여러 갈래로 나뉘었는데 그 갈래마다 작은 다리들이 많이 놓여서 마을 이름이 잔다리 마을로 불려왔다고 한다. 서교동은 동교동보다 조금 낮은 곳에 위치하여 아랫잔다리라 하고 동교동은 윗잔다리라 하였다. 특히 서교동은 서쪽 잔다리를 줄여서 서세교리라고 불렀는데 여기서 서교동이라는 동명이 유래되었다 한다.

지금은 홍대상권이 발달하면서 젊은이들의 문화를 상징하는 거리가 되었지만, 현재 560여 곳의 출판사들이 서교동에 입주해 있다 하니 과히 출판인들의 메카라 할 만하다.

나는 책을 만드는 사람입니다

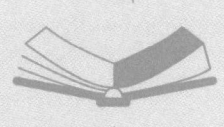

6부
학문

20. 책
21. 배움
22. 정범모
23. 교수님
24. 대중화

20
책

　인쇄술은 책이라고 하는 인류 문명사에 엄청난 공헌을 한 선물을 안겨주었다. 필사로 전해지던 정보들을 인쇄술의 발전으로 다량의 책이 만들어질 수 있는 기반이 조성되어 일반대중도 책을 공유할 수 있는 계기가 만들어졌다. 귀족들이 구전으로 들려주는 간접적인 방법으로 정보를 접하거나 아예 정보로부터 차단되어 있던 대중들이 직접 정보에 접근하게 됨으로써 힘을 얻게 되었고 종교개혁의 원동력이 되었다. 책을 통한 지식의 공유는 가히 혁명적인 변화를 불러온 계기가 된 것이다.

　인류문화사에서 가장 위대한 발명은 금속활자라고 한다. 금속활자는 책을 인쇄하기 위해서 수많은 목판을 만들어야 하는 목판 인쇄술에 비하여 짧은 시간에 대량 생산이 가능해서 많은 정보를 대중들에게도 빠르게 전달할 수 있게 되어 정보혁명의 단초를 제공해 주었기 때문이다. 우리나라의 인쇄기술도 세계적으로 인정받고 있다. 1377년에 만들어진 『직지심체요절』은 세계 최초의 금속활자본으로서 독일의 구텐베르크의 활자본보다 78년이나 앞선 것이었다.

이보다 앞선 시기인 1234년에 간행된 이규보의 『동국이상국집』에 보면 상정 예문을 금속활자로 인쇄했다는 기록이 있는 것으로 보아 우리나라는 서양보다 200년 앞선 1236년에 이미 금속활자를 사용했다고 볼 수 있다. 최근에 인사동 도시개발현장에서 발견된 1434년 갑인자로 추정되는 한문 활자본도 구텐베르크의 금속활자보다 10여 년 더 앞선 시기에 만들어졌다. 1460년대쯤 만들어진 것으로 보이는 한글 활자본도 함께 발견되었는데 이는 한글이 반포된 지 20년도 지나지 않은 가장 이른 시기에 만들어진 한글 금속활자로 보고 있다.

실물이 발견되어 말로만 회자되던 일들이 사실로 규명되면서 우리 민족이 세계 어느 나라보다도 학문을 숭상하는 민족이었을 뿐만 아니라, 책의 제작과 보급을 위해 필수적인 인쇄기술도 세계와 견주어 결코 뒤지지 않았음을 알 수 있다. 하지만 요즘은 책이 대접받지 못하는 시대를 살고 있다. 인터넷을 통해 온갖 정보가 넘쳐나니 굳이 책을 보지 않더라도 정보나 지식을 쉽게 얻을 수 있게 되었다. 이는 또한 정보의 질보다는 궁금증을 해소할 수 있는 정도의 단편적인 지식을 선호하는 요즘 세대의 특성이 반영된 결과이기도 하다.

예전에는 책을 참 귀하게 여겼다. 중국을 방문하는 사신들의 중요한 임무 중의 하나가 외국 문물이나 지식을 소개하는 새로운 책들을 수집해 오는 일이었다고 한다. 사신들이 구해 온 책들은 필사의 과정을 통해 유통되었고, 실학으로 이어지는 지식의 유통 통로로 자리 잡기도 했다. 인쇄술이 발달하였다 하더라도 주로 관에서 사용하는 책을 인쇄하는 데 사용하였기에 민간에서는 손으로 그대로 옮겨 적는 필사본이 유행하였다.

조선시대에는 필사하는 것을 직업으로 삼는 사람들도 많았다. 직업으로 하지 않더라도 공부하는 유생들은 귀한 책을 접하면 몇 날 며칠이라도 밤을 새워 가며 필사를 하여 후손들에게까지 전한 사례가 흔하게 발견된다. 규방을 중심으로 언문으로 필사된 여성의 도리를 훈육하는 책이라든가 구전되는 재미있는 민간 야담이 필사본으로 전해지는 경우도 허다했다.

학지사에서 심리학 관련 도서를 처음 출간할 때만 하더라도 출간된 관련 도서가 많지 않아서 외국도서를 무단으로 복제해서 유통되던 해적본이 심리학 도서의 주를 이루었다.

저서로 집필된 도서라 하더라도 강의 교안을 정리한 정도의 책들이 심리학 교재로 사용되는 정도였다. 그때는 지금처럼 심리학이라는 학문 분야에 대한 대중들의 관심도 그리 높지 않았다. 학지사를 처음 시작하면서 우리나라도 1인당 국민소득 1만 달러 시대가 반드시 올 것이고, 그때가 되면 심리학에 대한 관심은 자연히 높아질 수밖에 없을 것이라는 생각을 가지고 심리학 책 출판에 적극 뛰어들었다.

심리학 책들이 한 권 두 권 늘어나다 보니 덩달아서 심리학 분야에 대한 관심도 늘어나는 것이 느껴졌고 관련 책의 판매도 눈에 띄게 신장되는 것을 보면서 본격적으로 심리학 도서 출판에 전념하게 되었다. 요즘 들어서 보면 이제는 심리학 관련 도서의 종류나 질이 외국 도서들과 견주어 보아도 뒤지지 않는 정도가 된 것 같다. 하지만 심리학 도서가 귀한 시대에 공부했던 교수님들께서 연구서로 활용하셨던 손때 묻은 책들은 그 가치를 헤아릴 수 없을 정도로 소중하다.

그러나 이제는 책이 너무 쉽게 출판되고 유통되다 보니 책이 넘쳐나서 보관하기도 어렵고 집에 두면 천덕꾸러기가 되기 십상인 시대가 되었다. 디지털 시대가 되다 보니 종이책보다는 전자책에 대한 선호도가 높아져 앞으로는 책이 박물관 전시용품 정도로 취급받는 시대가 오지 않을까 하는 우려도 하게 된다.

교수님들께서는 정년을 마치고 나시면 연구실에 꽂아두고 참고하셨던 책들을 처리하는 데 곤란을 겪으시곤 한다. 예전처럼 도서관에서 받아주지도 않는다. 집으로 가져가도 환영받지 못한다. 하지만 교수님들의 손때 묻은 책들 중에는 학술적으로 의미 있는 도서도 꽤 있게 마련이다. 그런데 이런 귀중한 자료들이 그대로 버려지는 것이 너무 안타까워서 이런 책들을 모아서 인문학자료관을 만들어 보아야겠다는 생각을 하고 책을 모은 지가 여러 해가 되었다. 하지만 정작 인문학자료관을 만들려고 하니 여러 문제에 봉착하게 되었다.

처음 계획은 파주 출판단지 초입에 있는 학지사 물류센터의 일부를 활용하여 전시관을 만드는 것이었다. 하지만 파주 출판단지는 접근성이 떨어져서 만들어 놓고도 활용하지 못하는 상황이 발생할 것 같아 쉽사리 결정을 내리지 못하였다. 그렇다고 서울에 이런 전시관을 만들기에는 공간 확보도 어려울 뿐만 아니라 유지하는 데도 어려움이 많았다.

교육계의 큰 어른이시자 원로 선생님인 정범모 교수님께서도 나의 이런 취지에 공감해 주시면서 당신이 가지고 계시던 여러 자료를 기증해 주셨는데 아직 인문학자료관을 오픈하지 못하여 죄송한 마음이 컸다. 그런데 마침 학지사 본사 1층에 공간이 생겨서 그곳에 심리학 체험형 커뮤니티를 만들고, 공간의 일부를 할애하여 오랜 숙제이자 과제를 해소하고자 세미 인문학자료관을 오픈하였다. 이곳은 심리 및 교육 도서, 심리검사, 상담도구 등을 전시하고 활용해 볼 수 있는 체험형 공간으로 활용하고 있다. 또한 그동안 수집한 자료를 주제나 인물에 따라 전시물을 달리하는 기획전 형식으로 전시하고 있다.

아무리 콘텐츠가 디지털화되고 종이책을 활용하는 데 있어서 불편함이 있다손 치더라도 인류에게 책이 주는 의미는 생존과 진화를 뛰어넘는 매우 본질적인 문물 그 이상의 것이라고 생각한다.

구텐베르크가 금속활자를 발명해서 성경을 인쇄하게 된 것이 시민의 의식을 일깨워 종교개혁이 일어난 배경이 된 것처럼, 책에는 무엇보다 인간을 변화시키고 사회를 변화시키는 강력한 힘이 있다.

세상에는 수많은 직업이 있고 종사자가 있지만 책 만드는 일처럼 가치 있고 보람된 일은 또 없을 것 같다. 우선 책은 많은 사람들에게 유익한 정보를 전해 주고 지식을 전해 주고 감동을 주고 행복을 주고 학문을 연구하는 토대가 되어주고 후대에 문화를 전승하는 매개가 된다. 만약 책이 없었다면 우리는 과거의 역사를 다 알 수도 없었을 뿐만 아니라 발전시킬 수도 없었을 것이다. 문자가 있었기에 책이 만들어질 수 있었고 책을 만드는 사람이 있었기에 지금의 학문이 존재하여 인류가 문명인이 될 수 있었다.

나는 인류가 발명한 여러 문물 중에서 인간의 사상과 감정을 가장 명징하게 드러내는 도구일 뿐만 아니라 인류의 존속을 가늠하는 열쇠가 책이라고 생각한다. 세상의 일 중에서 가장 귀한 일을 꼽으라고 한다면 나는 책 만드는 일을 꼽겠다. 다음 생에는 무슨 일을 하고 싶냐고 묻는다면 그 역시 책 만드는 일을 하고 싶다고 말할 것이다. 출판은 숙명처럼 나에게 주어진 직업이자 사명이라고 생각하기 때문이다. 그래서 지금 책을 만들고 있는 내 삶이 늘 행복하고 감사하고 고마울 따름이다.

21 배움

누구에게나 어머니는 살아 계시는 스승이다. 자식을 향한 어머니의 마음에 무슨 조건이 존재하겠는가. 내가 열 달을 뱃속에 품었다가 세상에 내어놓은 분신이기에 자식은 곧 자신과 일체라고 생각하시게 되는 것 같다. 나도 부모가 되어 어머니의 마음에 공감하며 다시 되새겨 보게 되지만 그 깊이에는 다다르지 못한 채 살아가고 있는 것 같다. 왜일까 생각해 보면 배움의 기회를 더 많이 접하며 살아오면서도 삶 속에서 체득하고 체화된 어머니의 지혜를 내가 다 따라가지 못한 때문일 거라고 결론짓게 된다.

어머니께서는 책을 놓은 선비는 무지렁이 지게꾼과 다를 바 없다고 늘 내게 말씀하시곤 하셨다. 아마도 어머니께서 유년시절을 보내실 적에 집안 어르신들이 반복해서 들려주신 이야기가 귓전을 거쳐 마음속에 깊게 자리 잡은 까닭이 아닐까 싶다. 시대를 거슬러 올라가 보면 선비에게 책은 곧 선비의 정체성을 상징하는 증표 같은 것이었다. 책을 읽는다는 것은 학문을 연마하는 사람이라는 것을 뜻하고, 선비는 책을 읽으며 학문을 연마하는 것을 평생의 숙명으로 여기며 살아야 하는 존재라는 의미이기도 했다.

양반에게 학문은 삶의 지표이자 스승이었으며 목숨을 바쳐서라도 지켜내야 하는 신념의 결정체였다. 그러니 어머니께서는 늘 내게 책을 가까이 하고, 책에서 가리키는 방향을 삶의 이정표로 삼아서 올바르게 살아갈 것을 권하셨다. 어머니께서는 책읽기를 통해서 바른 길로 잘 사는 것을 익히고 실천하기를 바라셨던 것이다. 어려서부터 어머니의 이런 말씀을 귀가 따갑도록 듣고 자란 탓인지 나는 지금도 책읽기를 즐겨하고 배움을 취미생활인 양 즐겨 한다. 나이가 들어갈수록 삶의 지혜가 더 필요한 법인데 그 지혜라는 것도 늘 한자리에 머물러 있지 않는 것 같다.

마치 나는 제자리에 가만히 앉아 있는다 하더라도 지구가 자전하고 공전하면 시시각각 똑같은 자리에 머물러 있는 것이 아니듯이, 세상의 이치도 시시각각 변하고 옳고 그름의 기준조차도 수시로 변한다. 지혜의 기준이 이러할진대 지식의 변화는 일러서 무엇 하겠는가. 물론 한 국가나 사회가 지향하고 추구하는 옳고 그름의 기준이나 종교에서 추구하는 선과 악의 기준은 분명히 존재한다. 하지만 시대를 따라 변화하는 생각과 가치는 영원한 것이 아니듯이 세상의 기준을 찾고 알아가려는 노력을 멈추는 순간 나의 생각도 멈추게 된다. 우리는 지금 시시각각으로 뉴노멀을 필요로 하는 시대를 살고 있다.

　세상이 디지털 시대로 접어들면서 시간과 공간의 개념도 변화하고 있고 기준도 변화하고 있다. 디지털 시대의 근간을 이루는 IT산업에의 속성만 살펴보더라도 하나를 알지 못하면 전부를 알지 못하기도 한다. 하나를 알았다 하더라도 나머지 것들을 다 알지 못하면 전부를 알 수가 없다. 그래서 나는 부단히 알고자 하는 노력을 경주한다. 지식을 뽐내기 위해서도 아니고 더 높은 지위에 오르기 위해서도 아니다. 지구가 지금 공전하고 있고 자전하고 있으니 지금 내 자리가 시시각각 변동하고 이동하고 있을 것인데 지금 내가 서 있는 자리가 어디쯤인지 알아차리고자 하는 정도의 노력일 뿐이다.

　그렇다고 예전에는 지구가 제자리에 그냥 멈춰서 있다가 이제야 움직이는 것도 아닌데 왜 그리 유난을 떠느냐고 질책하시는 분도 계실지도 모르겠다. 문제는 변화의 속도다. 인류는 계속 진화하여 생명연장의 꿈을 실현하여 100세 시대를 눈앞에 두고 있다. 그러나 모든 사람들이 환호하는 것은 아니다. 낯설어진 시대 속에서 시대의 낭인이 되지 않고 살아갈 일이 막막하고 두렵게 느껴지기 때문이다. 나는 그 답을 책 속에서 찾고자 노력하고 있다. 좀 더 정확하게는 먼저 생각하고 연구하여 결과를 얻는 이들의 지식과 지혜를 조금이나마 빌려 쓰려고 하는 것이다.

책을 읽는 삶 속에서 학문의 연마를 통해 100세 시대에도 그 속에서 사람들과 어울려 행복하게 잘 살아갈 수 있는 지혜를 발견하고자 노력하고 있다. 아이러니하게도 시대의 변화에 뒤떨어지지 않고 따라갈 수 있는 단서는 인간을 위축시켜 놓은 디지털 세상, 바로 그 속에 존재한다. 요즘 사람들이 가장 즐겨 찾는 놀이터는 디지털 시대가 만들어 놓은 피조물인 유튜브, 페이스북, 인스타그램, 메타버스 같은 SNS 세상이다. 사람들은 그 요지경 속에 푹 파묻혀서 헤어 나오지를 못하고 어른 아이 할 것 없이 그 속에서 즐기며 살고 있다.

옛날에는 스승을 만나기 위해 천릿길도 마다하지 않았다고 했는데, 지금은 손안에 든 핸드폰 하나면 세상의 모든 스승을 만나는 길이 열려 있다. 정치면 정치, 경제면 경제, 과학이면 과학, 상식이면 상식 등 배우기를 원하는 것이라면 여기에 총망라되어 있다. 나의 의지와 열망이 있고 여기에 투여할 시간만 조금 있다면 나는 세상의 모든 것들을 배우고 익힐 수 있다. 배움은 또 다른 배움으로 나아가는 길을 열어 주고 나를 그곳으로 안내한다. 그렇다고 모든 지식을 다 취할 수도 없을뿐더러 알 필요도 없다. 지금 내가 살고 있는 이곳이 어디인지 우리는 어디로 가고 있는지 또 어디로 가야 하는지를 판단하고 결정할 수 있는 지혜를 깨치고 대안을 모색할 수 있는 정도의 지식은 갖출 수 있도록 노력해야 한다.

우리는 지금 지식의 홍수 속에서 살아가고 있다. 버려야 할 정보도 넘쳐나고 왜곡된 지식도 만연해 있다. 독선과 증오의 소리가 소음이 되어 우리들의 정신세계를 어지럽혀 놓기도 한다. 그래서 조선의 선비들에게 학문 그 이상으로 학문하는 사람의 자세를 더 중히 여긴 것이다. 지식은 내가 감당할 만한 것인지, 내 삶을 윤택하게 하는 것인지, 세상에 이로운 것인지를 살펴서 내 안으로 들여야 한다. 무지렁이 지게꾼이 될지언정 학문과 지식이 뱀의 독처럼 사람을 해치는 것이 되어서는 안 된다.

책은 SNS를 통한 배움만큼 정보의 다양성이나 절대량에는 크게 미치지 못한다. 하지만 미디어가 인간에게 제공하는 정보의 힘은 문자가 인간에게 미치는 사유와 치유의 힘을 결코 능가하지 못한다. 그래서 나는 책 읽는 일에도 많은 시간을 투자한다. 당장 학지사에서 출간된 책들을 살펴보는 것만으로도 독서량은 만만치 않다. 학지사에서 출간하는 책을 살펴보는 일이 상품을 감수하는 차원이라고 한다면, 서점에서 내가 직접 구입해서 읽는 또 다른 책들은 나의 식견을 확장해 주고 혜안을 열어준다.

어쨌든 나는 이래저래 책 속에 묻혀 살아야 하는 인생이다 보니 적어도 어머니의 말씀처럼 무지렁이 지게꾼이 될 일은 평생 없을 것 같다. 누구나 그러하겠지만 어머니는 삶의 나침반 같은 분이시라는 생각이 든다. 어머니께서는 내가 스무 살이 갓 지난 시기에 내 곁을 훌쩍 떠나셨지만 언제나 내 마음속에서 살고 계신다. 어쩌면 책을 놓은 선비는 무지렁이 지게꾼과 다를 바 없다고 하신 어머니의 말씀 한마디가 나로 하여금 책을 가까이 하게 했고, 출판사 사장까지 하게 한 것은 아닐까 싶다.

22 정범모

　교육학 분야의 책을 만드는 사람들에게 정범모 교수님은 '큰 바위 얼굴' 같은 분이시다. 교육학자로서 보여 주시는 교수님의 학풍과, 교육자로서 내일의 한국을 짊어지고 나갈 인재를 육성하는 일은 항상 맥락을 같이했다. 정범모 교수님에게 교육은 곧 제대로 된 교육철학을 갖춘 학자를 길러 내는 일이자, 나라의 미래를 이끌어 갈 인재를 육성하는 일이었다.

　정범모 교수님과의 직접적인 인연은 학지사에서 준비하고 있는 인문학자료관에 교수님께서 귀한 자료들을 쾌척해 주시면서 시작되었다. 많은 교수님들이 강의하시면서 참고한 손때 묻은 귀중한 자료들이 퇴임과 동시에 사장되고 있는 안타까운 상황을 목도하면서, 학지사에서라도 이런 자료들을 모아서 인문학자료관을 만들어 보자는 취지에 동참해 주신 것이다.

정범모 교수님은 학지사에서 모두 네 권의 저서를 출간하셨다. 주로 인생 후반기의 역작들이다 보니 삶의 지혜와 혜안이 잔잔히 녹아 있는 책들이다. 한국교육의 현실과 미래 교육에 대한 교수님의 식견을 듣고 대안을 탐색해 보는 데 유용한 자료가 되리라 생각한다. "어떤 사람들이 한국을 이어 갈까?" 하는 물음으로 시작하는 『내일의 한국인』(2011)이 첫 번째 책이다. "교육은 사람다운 사람을 길러 내며 나라다운 나라를 만들어 가는 일이다. 따라서 교육에 관한 성찰은 우선 나라다운 나라의 내일을 경영할 사람다운 사람이 어떤 사람이라야 하느냐에 관한 상념으로부터 시작해야 한다." 교수님께서 지향하고 있는 교육의 목표를 분명하게 제시하고 있는 대목이다.

"한국의 학교교육이 잘되어 있다고 생각하는가?"라는 물음에서 비롯된 책이 정범모 교수님의 두 번째 책『다시 생각해야 할 한국교육의 신화』(2012)이다. 이 책에서 교수님은 표류하고 있는 한국교육의 현실에 대해 교육학자이자 교육행정가로서의 회한을 나직한 목소리로 회고하신다. 아마도 교육과 관련된 일에 종사하는 이들의 자화상일 성싶다. 이 책에서 교수님은 "한국교육을 비판한다는 것은 보다 나은 내일을 바란다는 뜻이다. 이 비판이 사회 전반에게 재고와 반성을 바란다는 점에서는 나도 한국교육의 한 관련자였기 때문에 이 책의 비판 조항들은 나 자신의 반성 또한 요구하는 자성의 참회록일 수도 있다."고 술회하신다.

세 번째 책은 혼자 마음에 담고 있어야 할 것도 있지만, 장차 참여할 수 없는 내일의 이 나라에 대한 소망을 담은 글을 교수님의 글벗들과 나누고자 하는 소망을 담은 수상집으로, 제목이 『그저 좋아서』(2015)이다. 구순을 넘긴 노학자의 학문에 대한 여전한 열정과 신념이 고스란히 담겨 있다. 내용은 진솔하고, 행간에는 교육에 대한 진한 애정이 배어 있다. "어느새 구순을 넘었는지, 스스로 믿어지지 않는다. 물론 몸은 청장년기처럼 날쌔지 않지만, 마음은 지금도 꼭 소년기처럼 어리고 여리다고 생각한다. 그래도 어쩔 수 없이 나이 때문에

사회활동을 하는 시간은 줄어들고, 집안에 들어앉아 책을 읽거나 글 쓰는 시간이 많아지다 보니 갖가지 생각, 상념이 도리어 그 전보다 무성하게 스쳐 간다." 세월의 무상함 속에서도 어린아이처럼 맑고 깊은 교수님의 상념이 느껴지는 글이다.

교육은 사람을 사람답게 기르고 나라를 나라답게 만드는 일이라고 생각하기에 주된 학문적 관심이 교육이셨던 정범모 교수님의 인간과 국가에 대한 상념을 정리하신 『창의력과 공의식: 선진국의 요건』(2016)이 네 번째 책이다. 이 책에서는 창의력과 공의식이 선진국으로 나아가는 요건이라며 이렇게 말씀하신다. "창의력은 새로운 발명, 발견, 발안을 이루어 내면서 지적 세계를 영도하는 가장 첨단적인 지력이며, 공의식은 남을 이해하고 배려하는 심성이라고 할 수 있다. 따라서 창의력의 함양과 공의식의 선양이 궁극적으로 침체한 현 사태를 해결할 관건이고, 동시에 선진국으로 진입하는 필수요건이라고 믿는다."

학지사에서 나온 5,800여 종의 책 중 교육학과 심리학 도서가 주를 이루는데, 그중에는 판매가 많이 되어서 경제적으로 큰 도움을 준 책도 있고, 판매가 신통치 않아서 창고에 잘 보관했다가 폐기 처분한 책도 있다. 하지만 판매부수로만 책의 가치를 평가할 수는 없다. 실용성만이 책의 존재이유는 아니기 때문이다.

나는 책을 내면서 이 책이 꼭 출판되어야 하는 책인지, 꼭 필요한 내용을 담고 있는지, 가장 잘 쓰실 수 있는 분이 집필한 것인지를 출간의 기준으로 삼아 왔다. 그러다 보니 몇 권 팔리지 않는 책도 수두룩했지만, 그 책들은 경제적 도움 대신 학지사가 추구하는 가치가 무엇인지를 잘 대변해 주었고, 학지사가 지금에 이르도록 한 버팀목이 되어 주었다.

정범모 교수님의 책들은 서술이 어렵지 않지만 깊은 성찰과 철학이 담겨 있다. 그래서 울림이 있고 반향이 있다. 구순에 이르도록 펜을 놓지 않으시고 여전히 책상 앞에 앉으셔서 학문으로 수행하시는 구도자의 모습을 상상해 보게 된다. 학문의 길에 끝이 없듯이 정범모 교수님의 교육에 대한 철학과 학문적 업적도 책을 통해, 학습을 통해 끊임없이 이어져 가길 바란다.

23 교수님

　내가 살아오면서 가장 많이 만나고 대화한 직업군을 꼽는다면 교수님들이다. 학술도서를 만드는 출판사의 대표이니 당연한 일이기도 할 것이다. 어떤 교수님은 학부생으로서 지도 교수님의 연구실에서 조교로 근무할 때부터 인연을 맺어 왔는가 하면, 우연찮게 통화가 되어 오랫동안 인연을 맺어 온 교수님들도 있다. 학지사의 역사만큼이나 교수님들과의 인연의 수효도 헤아릴 수 없이 많고 사연도 많다. 그래도 기억에 오래 남아서 그리워지는 교수님들은 내가 학지사를 창업하고 원고를 청탁하러 다니던 시절에 나에 대한 신뢰 하나만으로 아무런 조건 없이 마음을 내어주시고 도움을 주셨던 교수님들이다.
　"이 책은 내가 강의하면서 우리 학생들한테 한번 소개해 줄게, 이 과목은 내가 집필해 볼 테니 한번 잘 만들어 봐, 이 책은 내가 연구도서로 신청해 줄게, 오늘은 우리 집에 들러서 저녁 먹고 자고 내일 일봐." 등등 따뜻한 격려의 말들을 해 주실 때마다 큰 힘을 얻었고 그분들의 기대에 어긋나지 않도록 잘해야겠다는 다짐을 하곤 했었다.

　자본의 여유도 없고 인맥도 없이 학지사를 차려놓고 보니 잠 못 이루는 밤도 참 많았다. 창업을 해 본 사람이면 누구나 겪는 일이겠지만 그런 어려움을 극복했기 때문에 여기까지 올 수 있었다. 경영을 하다 보면 가장 중요한 덕목은 바로 신뢰다. 고객과의 신뢰관계가 형성되지 않으면 할 수 있는 것이 아무것도 없다. 그래서 나는 학지사를 시작하면서 신뢰를 잃으면 모든 것을 잃는다는 신념으로 고객과의 약속을 지키는 일을 금과옥조로 삼았다.

　그러다 보니 학지사에 좋은 저자분들을 모셔 올 수 있었고, 그분들의 훌륭한 저서들도 많이 출간할 수 있었다. 교수님들께서 원고를 보내주시면 정성을 다해 책을 만들었고, 연간 판매실적을 분기나 반기 단위로 투명하게 보고해 드리는 시스템을 도입하여, 철저한 인세관리에도 만전을 기하였다. 협력업체에도 결재일을 반드시 준수하고 양질의 도서를 우선적으로 납품받을 수 있도록 하는 상호 협력 방안을 마련하여 함께 상생해 왔다.

마음으로 신의를 지키면 신뢰가 쌓이고 신뢰가 쌓이면 그것이 바로 경쟁력이 된다고 믿어 왔다. 나는 부처님 말씀 중 '일체유심조(一切唯心造)'라는 말을 참 좋아한다. 모든 것은 마음먹기에 달려 있다고 하는데 신뢰도 결국 마음이 하는 일이다. 마음이 신뢰를 얻으며 살기를 원한다면 삶의 모습도 그것을 좇아서 살아가게 되는 것이다. 행복과 불행도 그러러니와 내가 하고 있는 일에 대해서 어떤 가치를 부여하느냐에 따라 인생이 달라진다고 생각한다.

교수님들은 콘텐츠를 생산하여 학지사가 좋은 책을 만들 수 있는 원천 소스를 제공해 주시는 분들이다. 교수님들의 연구업적을 책으로 엮어서 대중에게 공표할 수 있는 대리자 역할을 해 주는 곳이 출판사이기에 교수님들에게도 꼭 필요한 곳이 출판사이다. 교수님과 출판사는 상호 공생하는 관계이자 산학협력의 주체라고 할 수 있다. 따라서 교수님과 출판사는 실과 바늘 같은 존재이자 물과 물고기 같은 관계라고 할 수 있다.

하지만 가끔은 이런 우호적인 관계가 손상되는 경우도 있다. 대표적인 경우가 교수님께서 출판사에 의뢰하신 원고를 출판해 주지 못하게 되는 경우다. 학지사에서는 책을 출판하기 위해서 세워둔 몇 가지 원칙이 있다. 첫 번째 원칙은 저자가 집필하고자 하시는 분야의 전공자여야 한다. 전공자라고 하면 그 분야에 대한 소정의 이수절차를 완료하고 학문적 연구가 무르익은 분이라야 한다는 것이다. 두 번째 원칙은 외국에서 오랫동안 공부하신 교수님이라면 일정 기간 국내에서 강의를 하시거나 연구를 하신 분이어야 한다는 것이다. 외국에서 공부하신 분 중에는 영어에는 능하시지만 한국어는 서툴러 하시는 분이 의외로 많이 계신다. 그런 분들이 집필한 원고의 경우는 어법이 어색하거나 문맥이 잘 맞지 않아 내용 전달에 어려움이 종종 발견되기 때문이다. 세 번째 원칙은 해당 과정을 가장 잘 집필하실 수 있는 분인가 하는 것이다. 같은 교육과정을 공부하신 분들 중에도 연륜이나 학문적 업적에 따라 원고의 질이 많이 다르기 때문이다.

동종의 많은 유사 도서들이 출판될 수는 있지만 특히 학지사 책들이 신뢰할 수 있는 책이라는 평판을 받을 수 있었던 것은 이러한 조건에 부합한 책들을 많이 출판해 왔기 때문일 것이다. 그렇다고 이런 조건에 맞지 않는다고 모든 원고를 거절하는 것은 아니다. 학지사에서 출간해 온 분야가 아니거나 생소한 분야의 도서라 하더라도 새롭게 해석하는 학문 분야의 원고이거나 새로운 경향을 반영하는 원고라면 흔쾌히 출판을 결정하게 된다. 간혹 판매가 전혀 보장되지 않을 것 같은 원고이더라도 학술적 가치가 높다면 소장용일지라도 출판을 결정한다.

학지사에서 출판하기에 어렵다고 보고 출판을 보류하거나 재수정 및 보완을 요청하는 경우는 기본 원칙에 부합하지 않았거나 책의 기본적인 구성요소를 충족하지 못한 경우다. 그런데 이렇게 한 번 원고를 거절 또는 보류하게 되면 학지사에 출간을 의뢰하셨던 교수님께서는 마음이 상해서 학지사의 비토그룹을 형성하기도 하신다. 학지사는 원칙을 지키면서도 교수님들과 좋은 관계를 유지하기 위해 진정성 있는 노력을 경주해 오고 있다. 교수님과 학지사는 수레의 두 바퀴와 같아서 하나의 바퀴로는 절대로 수레의 기능을 수행할 수 없기 때문이다. 앞으로도 교수님의 니즈를 충분히 반영하면서도 학지사의 정체성을 유지해 나가는 것이 학지사의 미래 과제다.

　학지사 책의 수많은 저자분들 중에서 유독 잊지 못할 분을 꼽으라면 지금은 고인이 되신 전 동아대학교 송명자 교수님이다. 송명자 교수님은 학지사가 설립된 지 얼마 되지 않았던 1995년에 『발달심리학』이라는 원고를 학지사에 선물해 주셨다. 당시에는 『발달심리학』 책 자체가 많이 나와 있지 않았던 때라 나에게는 더 없이 감사하고 고마운 원고였다. 설립된 지 겨우 3년 된 신생 출판사에 불과했는데 당신의 평생업적을 정리하신 원고를 학지사에 쾌척해 주신 것이다. 그 당시 출판사로서 인프라도 충분히 갖춘 상태가 아니었지

만 최선을 다하여 편집하며 출간에 심혈을 기울였다. 그럴 수밖에 없었던 것이 집필 당시에 송 교수님께서는 건강이 좋지 않은 상태였지만 당신의 마지막 유작이라도 남기실 작정이셨는지 혼신의 힘을 다해서 원고를 가다듬어 주셨다. 마침내 『발달심리학』이 출간되고 얼마 되지 않았을 때 교수님은 세상을 떠나시고 말았다. 교수님의 이 책에 대한 애착이 생을 조금이라도 연장시켰는지, 아니면 오히려 건강을 악화시키는 요인이 되었는지는 모르겠지만 송 교수님처럼 자신의 책에 정성을 쏟는 분은 지금까지도 많지가 않다.

   나는 이 책을 금빛 나는 보자기에 곱게 싸서 땅속에 묻히시는 교수님의 품속에 안겨드렸다. 아마도 내 기억으로는 돌아가시면서 자신의 저서를 관 속에 넣어달라고 하신 분은 없으셨던 것 같다. 이 책은 출간된 지 30년 가까이 되어 가고 개정 한번 한 적이 없지만 지금도 꾸준히 판매되고 있다. 교수님이 영면하신 지 10주기가 되었던 해에는 내용은 그대로 유지하면서 편집체제만 일부 수정하여 특별 기념판을 제작한 뒤 헌정해 드리기도 하였다. 송명자 교수님과의 만남은 저자와 출판사 대표로서의 단조로운 인연이었지만 그분은 내 마음속 사표의 한 분으로 남아 있다.

24 대중화

코로나19 팬데믹을 겪으면서 심각한 경제적 위기와 함께 우울증 등의 정신질환이 사회문제화되고 있다. 이런 시기일수록 불안하고 상처받은 마음을 어루만져 줄 수 있는 상담자나 심리치료자들의 역할이 크다고 생각한다. 지금 서점가에서 '심리학'이나 '심리치료'와 같은 단어가 주요 키워드로 등장하고 있는 것도, 사회에 만연해 있는 '질병'으로 인한 두려움과 '파산'에 대한 불안함이 반영된 결과일 것이다.

사회적으로 이슈가 될 만한 문제가 발생하면 집단으로 이슈에 매몰되어 더 큰 문제로 발달하는 경우가 종종 생긴다. 예전에는 이러한 상황이 발생하면 제도적 차원에서 문제해결을 하고자 하였으나 이제는 심리적인 차원에서 문제해결책을 모색하는 것이 일반화되고 있다. 사회문제와 심리적

연관성에 집중하여 해결책을 모색하는 사회로 변모해 가고 있는 것이다.

개인적 문제해결에 있어서도 이와 궤를 같이 한다. 예전에는 개인의 정신질환에 대해서는 사회적 격리 대상자로 보고 정상인과 분리하여 치료하는 것만을 목표로 하였다면, 이제는 생활 속에서 이들의 치료를 돕고 지원하는 방향으로 사회적 분위기가 형성되고 있다. 그에 따라 관련 도서들도 인기가 많은데 학지사에서 의미 있게 소개할 수 있는 책으로는 '이상심리학 시리즈'가 있다. 이 시리즈는 이상심리학의 세분화된 정신장애에 대하여 기본 개념과 진단기준, 증상 및 치료 등의 전반적인 내용을 알기 쉽게 서술한 것이다.

우울증, 양극성장애, 범불안장애, 공황장애 등으로 시작하여 인터넷중독에 이르기까지 전체 33권으로 구성하였으며, 서울대 권석만 교수님을 필두로 각 분야의 많은 전문가 교수님들이 저자로 참여해 주셨다. 2000년에 초판이 출간되었고, 2016년에 전체 개정판이 나온 뒤로 지금까지도 꾸준히 독자들의 사랑을 받고 있다. 이 시리즈는 상담심리학과 심리치료 분야에 대한 전문적 지식을 얻고자 하는 관계자뿐만 아니라 일반인에게도 이상심리에 대한 개념 정립과 잘못된 인식을 개선하는 데 많은 도움이 되었다고 생각한다.

나 개인적으로도 특별한 의미가 있는데, 학지사가 생긴

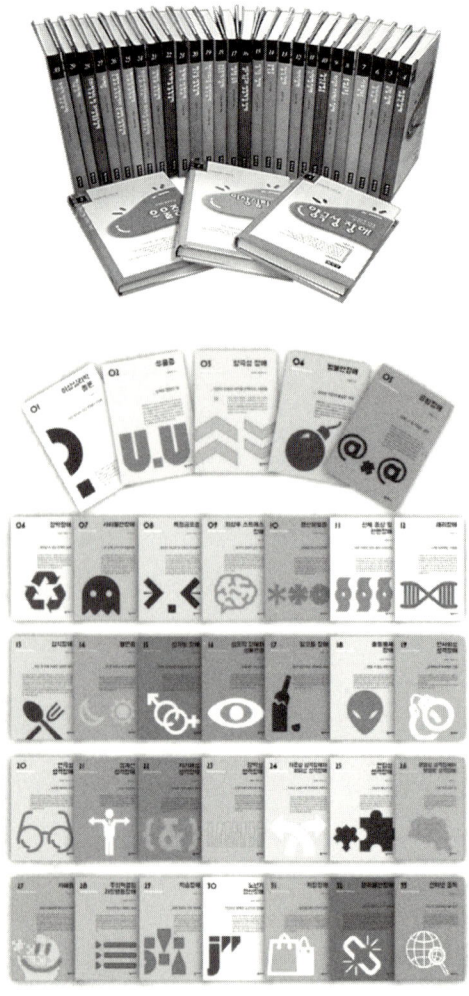

'이상심리학 시리즈'는 2000년에 30권의 구성으로 초판이 출간되었고(위쪽 사진), 그로부터 16년 뒤인 2016년에 전면 개정 작업이 이루어져 전체 33권의 시리즈가 되었다(아래쪽 사진). 개정판 표지에서는 각 권의 정신질환명을 재미있는 이모티콘으로 상징화한 것이 눈에 띄며, 내용도 시대적 흐름과 최신 이론을 반영하여 재구성하였다.

지 얼마 되지 않은 상황에서 이루어진 시리즈물 기획이었기에 학지사로서는 큰 행운이었다. 여기에는 권석만 교수님이라고 하는 심리학 분야 대가의 도움이 있었지만 또 한 사람의 조력이 큰 보탬이 되었다. 내가 학지사를 창업하고 맞이한 첫 번째 편집부 직원은 최순화라는 직원이다. 1인 기업이나 다름없는 학지사에 입사하여 학지사 책의 틀을 잡아 준 친구라고 해도 과언이 아니다. 최순화 씨는 경험은 많지 않았지만 편집자로서의 주관이 뚜렷했다. 그러다 보니 자기가 옳다고 생각하는 부분은 쉽게 타협하려 들지 않아서 난감해진 적도 더러 있었다. 심지어 비행기를 타고 가서 저자에게 자초지종을 설명하고 이해를 구해야 할 때도 있었다. 다행히 최순화 씨와 이야기를 나눈 저자들은 대부분 최순화 씨를 이해하고 그가 주장한 대로 따라와 주었다.

 이런 최순화 씨가 있었을 때 처음 기획하여 만들기 시작한 책이 바로 이상심리학 시리즈였다. 그 당시에는 관습적으로 정신질환자를 미친 사람 또는 정신병자라는 식으로 표현할 만큼 정신질환자에 대한 이해가 부족했던 시대였다. 그래서 정신질환을 앓고 있는 당사자나 가족은 모두 병을 숨기기에 급급했고 치료 자체를 회피하기에 바빴다. 그러다 보니 정신질환자는 영원히 건강한 사회구성원으로 참여하지 못하고 인생을 안타깝게 마치는 경우도 허다했다. 그러나 심리학의 영역이 점점 확대, 발전되면서 관련 연구자와 도서들도 증가하게 되었고, 이는 곧 정신질환자에 대한 사회인식이 바뀌는 데 큰 영향을 주게 되었다. 감기처럼 우울증도 의사의 처방에 따라 약을 먹고 치료하면 되는 질환으로 인식이 개선되었으며, 정신적 문제가 정신병으로 통칭되던 시대에서 우울증, 강박증, 편집증 등으로 세분화, 다양화되어 치료법도 제각기 다르다는 인식을 갖게 되었다. 지금은 정신적으로 문제가 생기면 병원을 찾는 것이 매우 자연스러운 일이 되었고 대다수의 주변 사람들은 환자의 완치를 위해 적극적으로 돕고 있다. 물론 이상심리학 시리즈의 출간이 오롯이 이와 같은 결과를 가져왔다고는 할 수 없겠지만, 낯설고 어려운 정신질환 분야를 쉽고 다양한 내용으로 소개하며 널리 알리는 데에는 학지사가 만든 이 시리즈가 한몫을 했다고 믿고 있다.

학지사는 그동안 출간되었던 다양한 도서작업을 통해 축적된 콘텐츠를 가공하여 대중에게 서비스하는 심리학 분야의 통합 플랫폼 기업을 꿈꾸고 있다. 학술 분야 전문지식을 대중화하여 상담 및 심리치료, 의료, 심리검사, 온오프라인 교육, 온라인 의료보수교육, 디지털 헬스케어 등 다양한 서비스를 실시하고자 준비하고 있다. 일부는 이미 실시하고 있고 계속적인 기획과 개발을 통해서 전문지식의 대중화라고 하는 목표를 점진적으로 현실화해 가고 있다.

전문화 또는 고급화는 브랜드 전략상 대중화라고 하는 목표 사이에서 딜레마를 겪게 된다. 즉, 샤넬이나 구찌 같은 제품은 이미 명품 브랜드로서 자리매김이 되어 있는 제품이기에 별다른 노력을 기울이지 않더라도 브랜드 전략에 따른 제품의 퀄리티 관리만 잘하면 명품 마케팅을 하는 데 큰 어려움은 없다. 하지만 신생 브랜드가 고급화 전략을 통해 브랜드 마케팅을 수행하기 위해서는 막대한 광고비 지출과 함께 제품의 퀄리티 유지에 많은 투자를 동반해야만 한다.

명품의 이미지로 기업의 포지션을 잡고 가는 브랜드는 시장의 확대를 위한 대중화라는 전략 앞에서 딜레마를 겪게 된다. 고급화와 대중화 사이의 어느 지점에 자사 제품을 포지셔닝할 것인지를 두고 고민하게 되는 것이다. 고급화로 가면 시장의 규모는 작아지지만 매출을 높일 수 있고, 대중화로 가면 시장의 크기는 커지지만 매출은 줄어들 수 있기 때문이다. 근본적으로 고급화와 대중화는 양립할 수 없는 전략이기도 하지만 각각의 전략이 성공하기 위해서는 각 전략의 강점을 융합하여 접점을 모색해 볼 수도 있지 않을까 싶다.

이를테면 애플처럼 메인제품은 고급화 전략으로 마케팅을 하되, 보급형을 만들어서 메인제품에 접근이 어려운 고객을 유치함으로써 고객으로 하여금 저렴한 가격으로도 애플을 사용할 수 있는 기회를 제공해 주는 것이다. 보급형을 써 본 일반 고객은 용도에 따라서 제품의 퀄리티 단계를 점점 업그레이드할 수 있는 계기를 만들어 줌으로써, 궁극적으로 메인제품 구매에 도달할 수 있는 잠재적인 고객을 유치하는 효과를 거두게 되는 전략을 수립해 봄 직하다.

학술교재를 주로 만들어 온 출판사들은 학술 콘텐츠를 어떻게 하면 일반 대중에게도 통할 수 있는 콘텐츠로 가공할까를 많이 고민한다. 그도 그럴 것이 대학이라는 한정된 영역을 시장으로 삼고 있다 보니 갈수록 줄어드는 학령인구의 영향을 많이 받게 되고, 복제기술이 진화하여 도서 판매가 급격히 줄어들면서 결국 시장 확대라는 측면에서 일반 대중으로 시선을 돌리는 것이다. 하지만 학술 콘텐츠는 일반 대중이 접근하기에 벽이 너무 높고 어렵기만 하다. 학술도서 출판사들은 이 문제를 해결하기 위해서 단행본 임프린트사를 설립해 보기도 하고 유통 시스템을 개선하려고 노력하기도 한다. 광고 홍보 마케팅 방식으로 SNS에 기반한 온라인 마케팅 기법을 도입해 보기도 하지만 생각만큼 효과를 보고 있지는 못하다.

학지사 역시 이 문제를 타개하기 위해서 오래전부터 과제로 설정하여 다방면으로 해결책을 모색하고 있다. '전문지식의 대중화'라는 슬로건도 여기에서 출발하고 있다. 궁극적으로 학지사는 콘텐츠 기반의 통합 플랫폼 구축이라는 프로젝트를 통해 이 문제의 해답을 찾아보고자 노력하고 있다. 미래의 학지사는 전문지식의 영역에만 머물러 있지 않고, 콘텐츠 기반 통합 플랫폼을 구축하여 전문지식의 대중화를 실현함으로써 대중 속에서 오랫동안 살아 숨 쉬며 생동감 넘치는 지식의 보고로 자리매김하고자 한다. 세상 속에서 살아 숨 쉬는 콘텐츠라야 생명력이 유지되고 진화될 것이라고 믿기 때문이다.

나는 책을 만드는 사람입니다

7부
화두

25. 비빔밥

26. 학습조직

27. 호기심

28. 경영화두

25 비빔밥

먹는 방송, 즉 '먹방'은 방송 프로그램으로나 유튜브 방송에서 인기가 높은 주요 소재다. 연예인이나 인기 유튜버들이 맛집을 탐방하거나 개인이 개발했거나 또는 즐겨 먹는 요리의 레시피를 소개하는 방송이 주를 이룬다. 예전에는 음식점에서 정형화된 메뉴와 레시피로 요리하여 판매하는 것을 고객들은 너무나 당연하게 생각해 왔다. 하지만 SNS가 발달하고 MZ세대의 자기 개성이 중시되는 시대가 되면서 자신만의 요리방식을 SNS를 통해서 소개하고 공유하는 일들이 일반적인 문화로 자리 잡게 되었다.

그동안 누구나 요리해 먹는 방식이 아닌 자신의 입맛에 맞게끔 자기만의 요리법을 개발해서 즐기고, 이를 사업의 영역으로까지 가져와서 성공하는 사례가 많아지고 있다. 기업의 운영방식도 많은 변화를 겪고 있다. 평생직장의 개념은 IMF를 거치고 나서 사라지기 시작했고, 기업에 종사하는 직장인들이 회사를 대하는 마음가짐에도 많은 변화가 생기고 있다. 장기근속은 아예 기대하기가 어렵고 동료직원 간의 인간적인 유대도 많이 옅어지고 있다. 그러다 보니 이직률도 높아지고 생산성도 많이 낮아지고 있다.

기업에서는 인력이 필요하지만 지원자가 없다고 하고 취업을 준비하는 사람들에게는 일하고 싶은 직장을 찾기가 어렵다 하니 기업과 취업을 준비하는 사람들 간의 간극을 어떻게 메워 나가야 하나 하는 것은 정부와 기업이 지혜를 모아서 근본적으로 해결해 나가야 할 문제가 아닐까 싶다. 물론 기업이 근로조건을 획기적으로 개선시켜서 취준생의 눈높이에 맞춰 가면 가장 좋은 방법이겠지만, IT산업과 같은 고부가가치산업과 달리 제조산업이 IT산업의 눈높이를 따라잡는 일은 생각처럼 수월하지 않다. 그렇다고 모두가 IT산업으로만 달려간다면 국가의 근간이 흔들릴 뿐만 아니라 IT산업 자체도 존립하기 어려운 환경이 도래할 것이다.

스펙이 좋은 사람이 좋은 대학을 가고 좋은 직장에 취업하여 고연봉자가 되는 현상을 너무나 당연시하는 능력중심주의 직업관에도 변화가 필요하다. 사람은 선천적이든 후천적이든 간에 저마다 다른 개성과 특장점을 가지고 있다. 사람마다 좋아하는 분야가 다르고 잘할 수 있는 분야가 다르다는 것이다. 하지만 능력지상주의로만 한 사회의 직업관이 굳어지면 직업의 다양성을 해칠 수 있고, 자신의 적성보다는 연봉과 같은 근무조건만을 기준으로 취업하게 되면 자신의 일에 즐거움이나 성취감을 느끼지 못한 채 불행한 직장생활을 하게 된다. 개인적인 불행을 넘어서 국가와 사회의 막대한 손실이 아닐 수 없다.

산업은 타 산업과의 조화와 협력 속에서만 존립할 수 있고 성장의 모멘텀을 만들어 갈 수 있다. 산업 간에 종속구조가 만들어지거나 산업별 종사자들 간의 심리적 상하관계가 만들어지지 않고, 행정가는 행정가로서 존중받고 기술자는 기술자로서 존중받는 사회가 되어야 무슨 일을 하든 각자의 영역에서 전문가로서 인정받으면서 행복한 삶을 영위할 수 있다. 직장동료들 간에도 각자의 적성을 최대로 살릴 수 있는 분야에서 서로가 서로를 존중하고 협력하면서 자신의 역할에 충실하다 보면 높은 성과를 창출할 수 있는 기업문화가 만들어지지 않을까 싶다.

기업경영을 음식에 비유한다면 어떤 음식이 가장 적합할까? 나는 비빔밥이라고 생각한다. 기업이 잘 돌아가기 위해서는 다양한 맛을 내는 자원과 인재가 어우러져야 비빔밥의 맛처럼 제대로 된 맛을 낼 수 있기 때문이다. 비빔밥의 재료에는 맛의 경중이 따로 존재하지 않는다. 나물은 나물대로, 고추장은 고추장대로, 밥은 밥대로 각각의 재료가 가진 맛을 잘 유지해 주면 그만이다. 여기에 곁들여지는 참기름이나 깨 등의 조미료는 개인의 취향에 따른 풍미를 더해 준다. 비빔밥에는 정해진 레시피나 절대적인 원칙이 따로 있는 것도 아니고, 각각의 취향에 따라 넣는 재료가 달라지며 재료의 배합비율도 제각각이다. 저마다 자신의 음식 취향에 가장 적합한 맛을 내게끔 조합하여 먹는 것이 비빔밥이다. 이처럼 절대적인 레시피가 통일되어 있지 않지만 한국인이라면 누구나 한번쯤 커다란 양푼에 냉장고의 남아 있는 반찬이나 재료들을 넣고 고추장으로 쓱쓱 비벼서 먹는 경험을 해보았을 것이다. 나 또한 가장 좋아하는 음식이면서도, 손쉽게 만들 수 있어서 아이들이 어렸을 때부터 종종 같이 해먹곤 하였다. 감칠맛 나는 된장국 몇 숟갈에 듬성듬성 손으로 잘라넣은 채소를 넣고 비비면 그 맛이 일품이다.

  학지사 창립 30주년을 맞이하며 그동안의 일들을 사진으로 정리해 보았다. 사진 속 한 장 한 장의 일들이 모여서 학지사의 역사가 되었고, 한 사람 한 사람의 수고가 모여서 책이 되었다. 지금도 함께 학지사의 역사를 만들어 주고 있는 임직원 여러분께 진심으로 감사드린다. 기업경영을 하다 보면 매우 다양한 성향을 가진 직원들과 함께 일하게 된다. 회사에 대한 애사심이 많아서 하는 일 하나하나가 자신에게 이익이 되는가를 따지기보다는 회사에 도움이 되게 하고자 하는 직원이 있는가 하면, 자신에게 조금이라도 손해가 될 것 같으면 몸을 사리는 직원도 더러 있다. 아이디어가 넘치는 창의력을 가졌지만 사회성이 다소 부족한 직원도 있고, 성실하고 착하기는 하지만 존재가치를 잘 발휘하지 못하는 직원도 있다. 하지만 나는 직원 개개인이 가지고 있는 성향보다는 그 직원이 어떤 끼와 장점을 가지고 있는지를 유념해서 살펴본다. 끼라고 하면 나물은 나물의 맛을 내며, 참기름은 참기름의 맛을 내고, 고추장은 고추장의 맛을 내야만 이 맛있는 비빔밥이 만들어지듯이, 기업도 요소요소에서 적절한 역할을 해내는 인재들이 있어야만 고객의 니즈에 맞는 제품을 개발하고 제공할 수 있다. 그래서 나는 직원들에게 무엇이든지 도전해 볼 수 있는 기회의 장을 만들어 주고자 부단히 노력하고 있다.

칭찬과 격려를 해 주기도 하고, 기획안에 대해 정반대의 상황을 설정한 질문을 하여 자극을 주기도 하면서 보다 굳은 의지를 가지고 일을 추진해 갈 수 있는 동기를 부여해 주고자 노력한다. 하지만 MZ세대라 불리는 요즘 젊은 직원들을 대하다 보면 자기 주장도 똑 부러지고 싫고 좋음에 대한 의견 표명도 분명하여 예전만큼 다가가기가 쉽지만도 않다.

나의 경험을 들려주거나 성공사례를 이야기해 주어도 귀 담아 듣고 있지 않다는 생각이 들곤 한다. 하긴 이런 이야기를 하는 선배 상사들을 꼰대라고 부른다고들 하니, 나도 그들 세대에게는 꼰대로 찍혀 있는 것은 아닌지 모르겠다. 그러나 세상의 변혁은 온고지신의 지혜를 통해 이루어져 온 것이다. 기성세대가 신진세대의 성향에 영합하여 제 역할을 다하지 못한다면 신진세대가 세상의 주류로 성장해 나가기 위해서는 더 많은 시행착오를 경험해야 할 것이다.

하나의 기업이 성장해 가려면 참여하는 구성원들의 다양한 스펙트럼이 비빔밥처럼 조화롭게 발현되어 기업 발전의 토대가 되어야 한다. 기획력이 뛰어난 사람은 기업의 방향을 잡는 조타수 역할을 할 것이고, 실행력이 뛰어난 사람은 기업을 움직이는 동력의 역할을 할 것이다. 역량이 조금 부족하더라도 관계지향적인 사람은 조직의 양념으로서 기업 조직의 밸런스를 맞춰주는 역할을 할 수도 있을 것이다. 양푼비빔밥에 담겨지는 여러 재료들의 합으로 맛있는 음식이 만들어지듯, 결국 기업도 이와 다르지 않다고 본다. 나는 조화와 균형을 강조하곤 하는데, 다양한 악기들이 모여 아름다운 하모니를 만들어 내듯이 직원 개개인의 특성을 이해하고 존중해서 조화를 이루고 균형을 찾아가는 것이 경영이라고 생각한다.

비빔밥을 상상하면 벌써부터 입안에 군침이 돈다. 양푼비빔밥의 또 다른 매력 중 하나는 푸짐하지만 값이 비교적 저렴하고 영양가가 높다는 것이다. 그것은 사람과 사람이 모여 조직을 이루고 이들의 힘이 모여 조화를 이룰 때 강력한 힘을 발휘하는 기업의 속성을 그대로 닮아 있다. 그러니 예쁘지 않고 사랑스럽지 않은 직원이 어디 있겠는가. 직원 한 사람 한 사람이 모두 보배이고 원석들인데.

26 학습조직

학지사의 한자는 배울 학(學)에 뜻 지(志)를 쓴다. 한마디로 배움에 뜻을 둔 회사라는 것이다. 기업이 돈 버는 일에 더 신경을 써야지 배우는 일에만 마음을 쓰면 돈은 언제 버냐고 반문할지도 모른다. 예전에는 출판사 이름들이 한의원의 이름을 닮아 있기도 했고, 한문투의 이름을 가진 출판사명이 대부분이었다. 지금에야 출판사명에 영문 이름도 많고 순우리말 이름도 많아서 옛날 스타일의 이름이 다소 진부해 보이기도 하지만 정감이 느껴지기도 한다.

1992년 회사를 만들면서 출판사명을 짓기 위해 고민하던 중, 평소 내게 조언을 아끼지 않으시는 숙명여대 송인섭 교수님께 작명을 부탁했다. 송 교수님은 '학지사'라는 이름을 지어주며 학술서적 전문 출판사답지 않느냐고 하셨다. 논어에 이르기를 15세가 되면 志學, 즉 학문에 뜻을 두는 시기라고 했는데 이제 막 성인이 된 학생들이 학문을 깊이 연구하는 데 기초가 되는 책을 만들어 내는 출판사로서 적당한 이름이라고 생각했다. 나는 바로 학지사 출판사로 사업자등록을 내게 되었다.

나는 항상 직원들에게 학습해야 한다, 학습해야 한다, 그래야 회사와 직원이 함께 성장할 수 있다고 노래를 해왔다. 나 스스로 학습하는 일이 습관화되어 있는 것 같다고 느낀다. 무엇인가 새로운 것을 알아가는 일이 나는 즐겁다. 그러다 보니 이동 중에도 쉬는 날에도 손에는 언제나 책이 들려 있거나 유튜브로 명강의를 시청한다. 좋은 특강이 있다면 새벽잠을 설쳐가면서까지도 참석해서 조찬강연을 듣곤 한다.

나 혼자 듣고 말기에는 아깝고 귀한 지식과 정보가 너무나 많다. 그래서 가까운 지인들에게 권하기도 하고 직원들에게 소개하고 함께 참여하기도 한다. 지식은 나눌수록 그 가치는 배가되고 효용성이 높아지게 된다. 내 서랍 속에 혼자서 꽁꽁 숨겨두고 보는 지식은 지식이 아니다. 그래서 나는 스스로 지식을 찾아나서기도 하지만 전문가에게 묻고 학습하면서 지금까지 학지사를 운영하는 기반으로 삼아왔다. 이런 나의 노력이 없었다면 학지사는 여전히 관습적인 프레임에 의존하는 출판사로 남아 내일을 걱정만 하고 있었을 것이다.

내가 학지사를 경영하면서 가장 중요하게 생각하고 실천하고 있는 분야는 바로 사내 학습조직을 통해 이루어지고 있는 학습이다. 학지사 사옥 각 층에는 입구마다 '끊임없이 혁신하라, 끊임없이 학습하라'라는 슬로건이 게시되어 있다. 학지사를 운영하면서 경험에서 배어나온 나의 절실함을 함축적으로 표현한 말이다. 기업이 좀 더 나은 방향으로 발전해 가기 위한 필요충분조건이기도 하다. 혁신하라는 것은 변화하는 경제환경에 맞도록 기업의 사고체계와 운영체계를 바꿔가자는 주문이고, 학습하라는 것은 기업이 생존하기 위해 필요로 하는 미래 먹거리를 준비하기 위한 지식을 배우고 익힐 것을 권장하는 말이다.

기업에게 있어 생존과 진화는 불가분의 관계다. 기업이 생존하기 위해서는 변화하는 환경에 따라 진화해야만 한다. 기업의 정체는 현상유지가 아니라 퇴보를 의미하고 더 나아가 소멸로 가는 지름길이기 때문이다. 학지사는 15년 전부터 학습조직을 결성하여 조직 구성 단위 또는 전사적인 차원의 주제를 설정하여 학습하고 토론하는 방식으로 회의를 운영해 오고 있다.

학습회의는 당면한 현재의 현황을 그대로 직시하게 하는 방식이자 각기 다른 관점에서 기업의 미래를 연구하고 창조해 가는 훈련이다. 한편으로 지금과는 다른 방식으로 현안을 해결하거나 수행할 수 있는 또 다른 대안을 모색해 보게 하는 생존 프로그램이기도 하다. 이는 직원들의 사고가 현재에 안주하지 않게 하고, 상시적으로 사고체계가 작동되게 함으로써 역동적인 조직체계가 유지되도록 하는 데 지대한 역할을 하고 있다.

운영 방식은 한 달에 두 번 정도 각 학습팀별로 주제를 선정하여 함께 토론과 학습을 한 뒤에, 이 내용을 개별 학습조직 팀장들이 한자리에 모여서 공유하는 회의를 갖는 식이다. 각 팀에서 논의한 내용 중에 다른 현업부서의 협력이 필요한 사항에 대해서는 그 자리에서 바로 논의하여 해결하도록 한다. 팀은 보통 5~8명 정도로 구성되며, 팀장은 반드시

최상급자가 아니더라도 해당 주제에 가장 적합한 실무자가 맡을 수도 있다. 학습주제 또한 업무와 직접적인 관련성이 없어도 되고 논의의 범위에도 제한이 없다.

학습회의는 반드시 결과를 도출하지 않아도 되고 학습 자체로 종결되어도 좋다. 학습내용이 업무 상관성을 가지지 않아도 되고, 아이디어 제안이나 업무 프로세스 개선과 같은 결과로 도출되어도 좋다. 나는 기회가 있을 때마다 "학지사가 존재하는 한 학습회의는 계속된다."며 직원들의 적극적인 참여를 독려해 왔다.

학지사에 적합한 규범과 운영시스템을 개발하여 학습조직을 운영해 오다가, 어느 해에는 이러한 성과를 인정받아 한국산업인력공단의 학습조직 운영지원을 받아서 좀 더 큰 규모의 학습조직을 운영해 보기도 했다. 공단 차원에서 학습조직의 저변 확대와 개별 기업의 경영환경 개선사업의 일환으로 시작한 것인데, 이를 통해 지역단위별로 기업체를 선발하여 예산지원뿐만 아니라 학습조직의 네트워크화에도 많은 관심을 기울이고 있었다. 학습조직이 기업경영에 효율성을 높여주는 프로그램임을 증명하는 예이다. 이런 인연으로 한국산업인력관리공단의 '일·학습병행제'에서 출판분야 시범기업으로 선정되어, 한국폴리텍대학과 공동으로 출판분야 교육과정 및 교재개발에도 참여하였고, 이를 바탕으로 일·학습병행제를 시범실시하기도 하였다.

학습조직을 운영하다 보면 직원들이 직접 회사 운영에 참여할 수도 있고, 업무 효율화를 꾀할 수 있어서 실제적인 효과를 많이 경험하게 된다. 처음에 학습조직을 운영하자고 했을 때 직원들 대다수는 매주 새로운 주제를 정해야 하는 것도 어렵고, 학습회의를 몇 주만 진행하고 나면 다룰 만한 마땅한 주제가 없다며 볼멘소리를 하기도 했다. 하지만 요즘엔 각 팀에서 준비한 학습회의 보고자료를 보면 웬만한 연구보고서 못지않게 훌륭한 내용들이 많이 눈에 띈다.

학습조직의 특성 중 하나는 암묵지를 형식지화한다는 데 있다. 특정 직원이나 팀에서 활용하고 있는 좋은 아이디어나 시스템을 형식지화함으로써 아이디어를 공유하는 계기를 만들고, 주변의 업무 상황을 기계적·관습적으로 바라보던 습관에서 벗어나 항상 문제의식을 가지고 현재 업무를 바라보려는 태도가 길러질 수 있다. 이러한 변화는 적극적인 업무 태도를 이끌어 내면서 업무 효율을 높이고 조직 분위기까지 역동적으로 변모시켜 주는 효과가 있다.

학습조직을 운영하면서 얻게 되는 부수적인 이익도 만만치 않다. 직원들의 발표력도 향상되고 업무를 대하는 자세도 수동적인 자세에서 능동적인 자세로 변모하게 된다. 물론 할 일도 많은데 이런 것까지 해야 하느냐며 불만을 제기하는 직원들이 없는 것은 아니지만, 우선순위를 다퉈야 하는 업무현장의 어려움을 호소하는 경향이 강하고 실제 상황에 맞닥뜨리면 적극적인 태도를 보이는 직원들에게 나는 희망을 보게 되고 고마운 마음을 갖게 된다.

27 호기심

경영자에게 있어 경영상 가장 필요한 덕목은 무엇일까? 사람들은 흔히 강력한 리더십이나 경제를 바라보는 안목 또는 인간적인 신뢰를 말하곤 한다. 기업은 혼자가 아닌 조직을 기반으로 운영되기 때문에 당연히 리더십이 없으면 조직을 이끌 수 없고, 조직을 제대로 이끌 수 없으면 기업을 운영하는 일도 무망한 일이 될 것이다. 기업의 리더십은 기계적인 리더십이어서는 안 된다. 진정한 리더십은 직원들의 동기부여가 전제되어야 하고, 능동적이고 적극적인 팔로워십을 이끌어 낼 수 있어야 한다.

기업은 이윤 창출을 목적으로 한다. 경제활동을 통해 경제적 이익을 창출하여 경제를 발전시키고 윤택한 삶을 영위하기 위해서 기업을 설립하고 이윤 추구 활동을 하는 것이

기업활동의 본질적인 목적인 것이다. 돈을 벌기 위해서는 돈이 모이는 곳이 어디인지를 알아야 하고, 어떻게 하면 그 돈의 흐름이 기업이 원하는 방향으로 흘러들어 오게 할 수 있을지를 아는 것이 기업을 경영하는 사람의 안목이자 경제를 보는 눈이라고 할 수 있다. 그렇다고 그 목적이 돈을 벌기 위한 수단으로만 그쳐서는 안 된다. 창출된 이윤이 기업뿐만 아니라 공익을 위해서도 투자되고 분배되어야 기업이 기업으로서 사회적 역할을 다했다고 할 수 있다.

기업을 경영하는 사람에게 가장 중요하게 요구되는 덕목 중 으뜸이 되는 것은 바로 인간적인 신뢰가 아닐까 한다. 기업경영, 다시 말해서 물건을 사고파는 행위는 상호신뢰를 기반으로 한다. 저 기업에서 만든 제품이니까 믿을 만하다는 소비자의 인식이 바로 브랜드 파워다. 이제는 기업에서 상품만 파는 시대가 아니라 기업의 가치를 파는 시대가 되었다. 기업의 가치는 곧 기업에 대한 소비자의 믿음이라고 할 수 있다. 대기업의 반열에 오른 회사들도 소비자에게 신뢰를 잃어버려 한순간에 무너져 내리는 사례를 종종 목격하곤 한다. 지금 우리는 그만큼 막강해진 소비자 권력 시대를 살고 있다. 그런데 이러한 덕목이 기업인이 기업을 설립하고 운영하기 위한 기본 요건이라고 한다면, 회사가 성장하고 발전하기 위해 꼭 필요한 요건은 따로 있다고 생각한다. 기업에서 새로운 먹거리를 찾아내기 위해서 반드시 필요한 요소로서 나는 '호기심'을 꼽는다.

정주영 회장은 우리나라에서 아직 자동차를 생산하지 못하던 시절에 자동차를 뜯고 고치면서 구조를 이해하게 되었고 그러면서부터 내 손으로 직접 자동차를 만들어 보고 싶다는 꿈을 꾸게 되었다고 한다. 조그만 어선이나 상선 정도를 만들던 나라에서 거북선을 모델로 내세우며 거대한 화물선이나 유조선을 만드는 세계적인 조선강국의 꿈을 키웠던 것이다. 당시만 하더라도 자동차나 큰 배를 만들 수 있는 인프라도 기술력도 돈도 없었지만, 새로운 사업에 도전하고픈 정주영 회장의 호기심이 한번 해 보자는 의지로 발전되었기에 우리나라가 지금과 같은 조선강국, 자동차강국의 꿈을 이룰 수 있었다.

당장은 실현 가능성이 낮더라도 미래를 준비하는 사업이라고 판단된다면, 적극적으로 사업으로 발전시킬 수 있는 방법을 찾아 나서려는 마음은 호기심에서 비롯된다고 생각한다. 아이가 눈앞에서 새롭게 접하는 것들에 대한 호기심의 발현을 통해서 지능을 발전시켜 마침내 성인으로 성장해 가듯이, 기업도 새로운 것에 대한 호기심이 나비효과를 일으켜 신사업의 첫발을 내딛게 되는 것이다.

나는 아직 매출규모가 그리 크지 않은 기업을 운영해 오고 있지만 적어도 사업 영역에서만큼은 업계를 선도하지 않았나 하는 자부심을 가지고 있다. 학지사를 만든 1990년대 초반만 하더라도 심리학이라는 출판 영역에 대한 나의 생각이 확고했던 것은 아니었다. 단지 책을 귀하게 여기는 마음으로 좋은 책을 많이 만들어 놓으면 찾는 사람도 많아지지 않겠느냐는 생각뿐이었다. 처음 출판을 시작할 때는 당장 돈이 될 만한 원고를 찾아서 책을 만들어 내는 일에 더 많은 에너지를 쏟기도 했다. 그도 그럴 것이 넉넉한 자본이 준비된 상태에서 창업을 한 것이 아니었기 때문에 영업을 하기 위해서는 책을 하나라도 더 만들어야 했고, 책을 만들기 위해서는 돈이 필요했다. 하지만 시간이 더 지나자 내가 책을 만드는 이유가 좀 더 분명해야 하고 어떤 책을 만들어야 하는지에 대한 방향도 명확해야 한다는 생각을 하게 되었다. 그때부터 나의 호기심이 발동되었다.

국민소득 1만 달러를 넘어서는 시점이 되면 우리나라에 '심리학'에 대한 관심이 커질 것이고, 이 분야가 주된 학문 영역으로 발전하게 될 거라는 확신이 생겼다. 그때부터 나는 심리학 분야의 다양한 교재와 심리검사 등을 개발해야 되겠다는 결심을 하고, 본격적으로 심리학 도서를 출간하게 되었다. 그때 내가 이런 생각을 하지 않았더라면 아마도 학지사는 지금과 전혀 다른 분야의 책들을 출판했거나 그냥 그런 출판사로 돈 버는 일에만 집중하는 회사가 되지 않았을까 싶다.

실제로 나의 이런 생각과 맞지 않아서 거절했던 원고가 다른 회사에서 출판되어 대박을 치는 경우도 있었지만, 나는 그 책을 학지사에서 출판하지 않은 것이 오히려 다행이라고 생각한다. 만약 그 책을 학지사에서 출간하여 베스트셀러가 되고 빌딩 하나 세울 정도의 수익을 올렸다고 한다면, 지금 나는 책 한 권 한 권을 출간할 때마다 베스트셀러가 되기를 꿈꾸며 애달아하고 있을지도 모른다. 물론 베스트셀러를 많이 기획하여 대중에게 사랑받는 출판사가 되는 것이 잘못되었다는 것은 아니다. 다만 내가 꿈꾸었던 지금과 같은 모습의 학지사를 일구지는 못했을 것이라는 이야기다.

나는 출판사를 등록하고 얼마 되지 않아서 심리검사연구소를 설립하였다. 지금 생각해 보아도 책 몇 권 내지 않은 출판사에서 심리검사연구소를 설립해야겠다고 생각한 것은 다소 무모한 꿈이 아니었다 싶다. 그런데 지금은 그때 설립한 심리검사연구소가 인싸이트라는 별도의 법인으로 성장하여, 모기업 학지사의 매출을 넘어서고 있다. 뿐만 아니라 날로 위축되어 가는 출판사업이 대중지향적인 콘텐츠사업으로 변모해 갈 수 있도록 하는 디딤돌 역할을 해주고 있다. 학지사라는 출판사를 설립하면서, 단순 출판사를 넘어서 '심리학'이라는 분야의 콘텐츠 효용성에 주목했고, 심리학 콘텐츠의 가공을 통하여 대중에 서비스하는 사업모델을 구상했던 것이 지금에 와서는 인싸이트와 와이즈박스, 카운피아 사업부 등을 출범시킬 수 있는 원천이 되었다.

당시 누구도 그렇게 큰 관심 갖지 않던 척박한 땅을 일궈서 씨를 뿌려둔 덕에 싹이 나서 이제는 수확을 하게 된 것이다. 나는 그 씨앗이 바로 기업인의 호기심이라고 생각한다. 기업인의 호기심은 이미 이루어진 시장에서 생겨나는 것이 아니라 새롭게 싹을 틔울 징후를 발견한 후에 그 징후를 좇아 시장을 개척해 나가고자 하는 의지를 기반으로 한다. 꿈을 설계하고, 마침내 현실이 되게 하는 것, 그것이 바로 기업인의 호기심이 아닐까. 막연한 망상이나 공상에서 불쑥 튀어나오는 것이 아니라, 다양한 학습을 통해서 발현되고 연구를 통해서 구체화시켜 나가야만 결실을 맺을 수 있다. 그래서 나는 기업인들이 호기심을 발현하는 일에 더 많은 시간을 투자하고 꾸준히 학습하시기를 권한다. 그 호기심 속에 기업의 미래 먹거리가 담겨 있다고 확신하기 때문이다.

호기심을 키워나갈 수 있는 가장 손쉽고 효과적인 학습방법은 바로 독서다. 호기심이 생기는 관련 분야의 도서를 찾아서 읽고, 이해를 넓혀가다 보면 호기심은 눈덩이처럼 더 커지면서 또 다른 영역으로 확장되어 가는 특성이 있다. 또 다른 학습방법은 요즘 대세인 유튜브다. 그야말로 유튜브에는 없는 것 빼고 다 있다. 내가 궁금한 것, 배우고 싶은 것, 먹고 싶은 것, 즐기고 싶은 것 등등 원하는 것은 모두 유튜브에서 찾아서 배울 수 있는 참 편리한 세상이다. 그렇다고 허접한 싸구려 강의가 절대 아니다. 각각의 분야에서 내로라하는 고수들의 특강이 즐비해 있다.

스승을 찾아서 세상 여기저기를 헤매지 않고도, 삼고초려를 하지 않고도, 이렇게 다양하고 해박한 스승들을 안방에서 만날 수 있는 세상이 된 것이다. 호기심이 발동되었을 때 이 호기심을 충족시키기 위해 필요한 것은 의지 하나면 족한 세상이다. 호기심을 충족하기 위해 필요한 책을 찾아 읽고, 유튜브 영상을 통해서 다양한 강의를 시청하며 학습을 하는 시간을 갖다 보면, 그 시간이 얼마나 행복한지 모른다. 까맣게 모르고 있던 새로운 지식과 사실에 접근해 가는 일은 마치 어린 시절 암탉이 낳아서 몰래 숨겨 두었던 달걀 한 무더기를 발견한 일처럼 기쁘고 행복한 일이다.

요즘은 블루투스 환경을 활용하면 출근하거나 이동하는 차 안에서도 얼마든지 학습할 수 있고, 산책을 하면서도 에어팟을 통해 학습할 수 있다. 세상의 무궁무진한 지식과 지혜를 손쉽게 접할 수 있는 기회를 그냥 흘려보내지 마시기 바란다. 누군가에게는 책의 한 구절, 유튜브 강의 한 소절이 세상을 바꾸는 천금 같은 금과옥조가 될지 알 수 없는 일이다. 기회라고 하는 것은 뉴턴의 사과처럼 어느 날 갑자기 하늘에서 뚝 떨어지는 것이 아니라 씨를 심고 가꿔서 때가 무르익으면 언제든 수확할 수 있는 사과와 같은 것이다.

28 경영화두

나는 매년 초가 되면 학지사의 경영화두를 정하여 직원들에게 발표해 왔다. 학지사의 각 사업부를 어떤 부문에 역점을 두고 운영할 것인지를 연말에 정리해서 그다음 해 초에 발표해 오고 있다. 사업부가 7개에 이르다 보니 각 사업부서대로 목표를 설정하여 연간 사업계획에 따라 실행해 가면 되지만, 학지사 전체를 아우르는 목표와 방향 설정이 필요하다. 따라서 학지사 전체 사업부가 지향해야 할 공동목표를 정해서 전 직원들과 공유함으로써 시너지를 극대화하고자 하는 취지다.

경영화두의 첫 시작은 2013년의 '창조경영'이었다. 나는 이때 처음으로 전 직원에게 화두를 발표하였고, 그다음 해에는 한 단계 더 나아가 '창조경영의 실천'으로 정한 뒤 이를 모든 사업부의 학습회의 주제로 삼아 발전시켰다.

　신년 초에 경영화두를 정해 두고 임직원들과 공유하며 실제 사업부에 적용해 보니 경영화두 설정은 꽤나 실제적인 효과가 있었다. 그중에 대표적인 몇 가지 화두를 예로 들면 우선 '디지털 트랜스포메이션(digital transformation)'이다. 지금이야 언론을 비롯해서 누구나 일상적으로 쓰는 개념이 되었지만 2017년 즈음만 하더라도 다소 낯설고 체감되지 않는 개념이었다.

　학지사에서는 5년여 전부터 디지털 시대를 대비하여 디지털 트랜스포메이션을 하여야만 시장을 주도해 나갈 수 있다는 절박감으로 매달렸다. 매년 실시해 온 간부사원 워크숍에서도 2016년 주제를 아예 디지털 트랜스포메이션으로 정해서 각 사업부별로 실행계획을 과제로 주고 연구하여 발표하게 했다. 첫술에 배부를 수 없는 것처럼 이때의 발표내용은 다소 추상적이고 포괄적인 차원에서 언급하는 데 그쳤었다. 하지만 그다음 해인 2017년에 회사 전체의 경영화두로 이 용어를 제시하고 1년 동안 꾸준히 노력한 결과, 전 사업부의 디지털화가 윤곽을 드러내기 시작했다. 특히 학지사 심리검사사업부인 '인싸이트'의 서비스 시스템 온라인화 사업이 본격적인 궤도에 오르는 계기가 되었다.

　학지사 심리검사연구소에 온라인 시스템이 안착되기까

지는 개발된 프로그램을 여러 차례 뒤집어야 하는 시행착오를 겪기도 하였다. 하지만 현재 이 사업부서 매출의 60% 이상이 온라인 시스템을 통해서 발생한다는 점을 생각해 볼 때 디지털 트랜스포메이션이 인싸이트의 성장을 견인하는 데 중추적인 역할을 하는 시스템이 되었음을 알 수 있다.

경영화두를 실천해 가면서 얻은 또 하나의 소득은 학지사 기업부설연구소로 IT개발사업부를 출범시켰다는 것이다. IT개발사업부와 서비스 기획팀은 인싸이트 온라인 시스템 개발과정에서 축적된 경험과 노하우를 바탕으로 설립된 부서로서 이제는 학지사의 새로운 핵심 자산으로 자리매김해 가고 있다.

성공적인 결과를 만들어 낸 또 하나의 대표적인 경영화두는 '콜라보레이션(collaboration)'이다. 콜라보레이션은 말 그대로 각 사업부가 갖고 있는 특성을 잘 살려 나가면서도 각 부서끼리 협력과 연대를 통해서 시너지를 창출해 나가자는 전략이었다. 콜라보레이션이 성공적인 경영화두가 될 수 있었던 배경에는 학지사에서 2007년부터 실시해 온 사내 학습조직 프로그램의 운용이 큰 역할을 했다. 학습조직은 학습주제에 따라 별도의 팀이 조직되어 학습과 연구가 동시에 이루어지도록 하는 프로그램으로서 사업부 통합에 매우 효과적이었다.

학지사는 매우 독특하면서도 단단한 결속력을 지닌 사업구조를 갖고 있다. 학지사는 심리학과 교육학 분야의 학술도서 출판사업을 기반으로 성장해 온 기업이다. 여기에 유아교육과 특수교육, 사회복지 분야는 모두 심리학과 교육학을 기반으로 하여 분화되었거나 전문화된 학문적 특성을 띠고 있다. 심리검사 역시 심리학을 기반으로 하고 있고, 논문사업이나 평생교육사업 역시 두 학문 분야를 기반으로 성장해 왔다. 그러다 보니 7개 사업부의 인프라가 중첩되거나 공유되어 공동으로 활용 가능한 것들이 대부분이었다. 즉, 원소스 멀티유즈가 학지사 사업의 핵심코어가 될 수 있는 기반이 구조화된 것이다.

이러한 사업구조 속에서 콜라보레이션을 경영화두로 내세우는 것이 진부하게 느껴질 만큼 너무나 당연한 일이었지만, 한때는 사업부 간의 연대보다는 각 사업부의 목표 실행에만 매몰되어 있었다. 그러나 경영화두로 콜라보레이션을 내세움으로써 자연스럽게 사업부 간 협업의 중요성을 일깨워 주게 되었다. 콜라보레이션을 통한 각 사업부 간의 연대가 개개 부서의 사업 성과 향상에 큰 도움이 된다는 사실을 실감하게 해 주었다. 콜라보레이션을 경영화두로 내세운 해에 학지사는 매출 성과가 기대치를 훌쩍 뛰어넘는 결과를 만들어 냈다.

그 뒤로 3년쯤 지나자 이제는 사업의 협업 단계를 넘어서 각 사업부의 DB를 통합해야 한다는 과제에 직면하게 되었다. 각 사업부마다 시스템과 시장이 달라 심리학과 교육학에 기반한 기본 소스를 공유하면서 각자 사업을 전개해 왔다. 그러다 보니 축적된 빅데이터나 DB가 제각각이라 비효율적이었고 통합하여 활용하기에도 여러 가지 어려움이 발견되었다. 그래서 2022년에 다시 경영화두를 '뉴콜라보레이션을 통한 통합 플랫폼 구축'으로 정하였고 좀 더 발전적인 콜라보레이션을 추진하고 있다.

경영화두로 채택했던 콜라보레이션은 기업 운영 방식의 합리화를 목표로 하였다. 각 사업부의 업무에만 매몰되지 않도록 하여 사업부 간 발생할 수 있는 거리나 틈을 채워서 업무효율을 높이고, 개개 사업부의 인프라를 공동으로 활용함으로써 시너지를 높이자는 데 목적이 있다. 또 다른 화두였던 디지털 트랜스포메이션은 업무방식을 디지털화함으로써 온라인화를 지향하고 있는 최근의 경향을 적극적으로 반영하여 미래의 디지털 경영환경에 대비하고자 하는 목적이다. 궁극적으로는 학지사가 디지털 플랫폼 기업으로 발전해 나가기 위해 반드시 거쳐야 하는 필수적인 경영효율화 방식이기도 하다.

2022년에 경영화두로 채택한 뉴콜라보레이션은 콜라보레이션과 디지털 트랜스포메이션의 결과를 바탕으로 본격적인 디지털 플랫폼 기업으로 진입하고자 하는 의지의 발현이자 한 발짝 앞으로 더 내딛는 계기가 될 것이다. 학지사는 이제 출판기업에서 콘텐츠 기업으로, 더 나아가 디지털 플랫폼 기업으로 진화해 가고 있다. 학지사의 가장 큰 강점은 활용 가능한 무한한 콘텐츠를 보유하고 있고 다양한 경험과 인프라를 축적하고 있다는 것이다. 다만 이 콘텐츠와 인프라를 어떻게 가공하여 대중이 활용할 수 있도록 서비스할 것이냐의 문제가 남아 있다. 이것이 학지사의 과제이자 미래비전이다.

나는 책을 만드는 사람입니다

8부
출판

29. 강희일

30. 단체장

31. 저작권

32. 전자책

29 강희일

 우리나라의 근현대 출판은 1883년에 '박문국'이 설립되면서 시작되었고, 최초의 민간 출판사는 1884년에 설립된 '광안사'라고 알려져 있다. 광안사는 갑신정변의 실패로 박문국이 불타자 박문국을 대신하여 우리나라 출판의 기초를 닦았다. 1890년대에 들어서면서부터는 탑인사, 휘문관, 신문관, 보성관, 회동서관, 신구서림 등의 출판사가 많이 생겨나서 활발하게 출판활동을 이끌었다. 초창기 출판사들은 출판과 서점의 혼합 형태가 주를 이루었으나 점차 출판과 서점이 전문화되어 가면서 나뉘게 되었다.
 해방 후에는 학습교재 외에도 인문·사회과학의 서적출판이 크게 늘어났다. 1948년부터 박문문고, 정음문고, 을유문고 등에서 활발하게 서적이 출판되었고, 명문당, 민중서

관 등에서 출간하기 시작한 사전류의 출판이 큰 호응을 일으켰다. 6·25전쟁 후 휴전협정이 맺어지자 대구나 부산으로 옮겨갔던 현암사, 계몽사, 학원사, 동아출판사 등의 출판사들이 하나둘 서울로 올라와서 전쟁의 포화 속에서도 멈추지 않았던 출판산업의 재건에 앞장섰다.

1947년 4월 20일에 을유문화사, 정음사, 탐구당 등 150여 출판사들이 발기하여 대한민국 정부수립보다 1년 앞서서 조선출판문화협회를 창립하였다. 조선출판문화협회는 1951년 대한출판문화협회로 이름을 바꾸었고, 1975년 6월 27일 경복궁 바로 옆 사간동에 출판계의 숙원사업이었던 대한출판문화회관을 건립하였다. 현재 동명사, 명문당, 탐구당, 동아출판사, 을유문화사, 미래엔 등이 출판 100년의 역사를 향해 나아가고 있다.

그 뒤를 이어 교학사, 박영사, 법문사, 교문사, 형설출판사, 집문당, 다산출판사, 학지사 등이 한국 인문·사회과학 출판의 명맥을 이어 오고 있다. 특히 사회과학 분야 출판의 주축을 이루었던 출판사들은 대학에 교과서를 개발하여 제공하는 학술출판전문 회사들로 발전하였고, 지금은 한국학술출판협회의 주요 회원사들로 활동하고 있다. 대한출판문화협회가 우리나라 출판산업을 대표하는 협회라고 한다면, 한국학술출판협회는 과학기술분야 학술도서를 출판하는 출판사들의 모임인 한국과학기술출판협회와 더불어 인문 분야 학술도서를 출판하는 출판사들의 모임이다.

한국학술출판협회는 1992년에 한국대학도서출판협의회로 출범하였고, 1996년에 한국학술도서출판협의회로 개명하였다. 2009년에 사단법인이 되면서부터 한국학술출판협회로 명칭을 변경하였다. 다산출판사의 강희일 대표님께서 한국학술출판협회 초대 회장직을 역임하셨다. 강희일 회장님을 생각하면 바로 떠오르는 것이 '출판'이라는 단어다. 강희일 회장님의 삶은 한국 출판 역사의 일부라고 할 만큼 한국출판산업의 권익보호와 발전을 위해 일생을 헌신하였다 해도 과언이 아니다.

내가 1992년 출판사를 창립하고 얼마 되지 않은 시점에 강 회장님을 처음 만나 뵙게 되었다. 그때는 좋은 책을 많이 만들어 빨리 자리를 잡는 일이 급선무였지만, 강 회장님과 교류하면서부터는 출판이 출판사 운영이라는 개인 사업의 범주를 넘어서서, 출판산업이라는 차원에서 출판을 바라보게 되었다. 나 역시도 출판시장을 지켜내고 넓혀가기 위해서는 출판계의 자체적인 노력도 매우 중요하다고 생각하고 있었기 때문에 출판단체의 일에도 보다 적극적으로 참여하려고 노력하였다.

강 회장님이 출판과 인연을 맺게 되는 과정을 살펴보면 우

연이었다고만은 할 수 없을 것 같다. 궁핍하고 어려운 삶을 살아내면서도 학문에 대한 집념을 쉽게 내려놓지 않으셨다. 환갑이 다 된 연세에도 식을 줄 몰랐던 학문에 대한 열정은 출판인으로 살아가게 하는 숙명적 이유가 되지 않았을까 미루어 짐작해 본다. 늦은 시기에 대학공부를 마치고 중앙대에서 신문방송학으로 석사학위를 받으셨으며 출판을 공부하는 후배들을 위해서 강단에 서기도 하셨다.

나 또한 시골에서 나고 자랐지만, 출판이야말로 선비의 학문하는 자세를 이어갈 수 있는 참으로 값진 일이자 선비의 정신과도 맥이 맞닿아 있는 일이라고 생각했는데, 아마도 강 회장님 역시 당신의 대쪽 같은 성품이 선비의 마음을 닮아있다 보니 운명적으로 출판인의 길을 걷게 되는 계기가 되지 않았나 싶다.

강 회장님은 산림의 완고한 선비를 떠올리게 한다. 강 회장님의 이런 강직한 성품은 출판계의 현안을 해결해 나가는 강력한 추진력으로 작용했지만, 또 한편으로는 강 회장님에 대한 호불호의 여론을 만드는 요인이 되기도 했다. 하지만 사람들의 말이 무섭고 평판이 두려워 아무도 나서지 않았더라면 출판계의 정책적 기반을 다지는 일은 그만큼 늦어질 수밖에 없었지 않았나 한다. 이렇게 강 회장님과 생각을 공유하다 보니 나는 자연스럽게 회장님의 뒤를 이어서 한국학술출판협회 회장의 소임을 맡게 되었다.

학술도서 출판계의 미래를 생각하다 보면 마음을 무겁게 하는 현안들이 산적해 있다. 그중에서 오랫동안 고질적으로 협회 회원사들을 힘들게 해온 문제는 나날이 진화하고 있는 불법복제문제다. 디지털 환경으로 급격하게 변화해 가다 보니 불법복제의 양상도 진화하여 책 전체를 파일로 변환하여 유통시키는 불법복제가 횡행하고 있다. 하지만 출판계가 나서서 직접 해결할 수 있는 법적 보호장치가 전혀 없다 보니 매년 한국저작권보호원에 하소연만 하고 있는 실정이다. 오래전부터 이 문제에 깊은 관심을 가지고 제도적 장치를 만들고자 앞장서서 많은 노력을 해오신 분도 강희일 회장님이다. 강 회장님은 교육부로 국회로 뛰어다니시면서 저작권 등의 문제를 해결하고자 애를 많이 쓰셨다. 불법복제 문제를 해결하시고자 대한출판문화협회 산하에 복사단속 협회를 만들어서 불법복사를 근절하고자 많은 노력을 하셨다. 이 기구는 한국복제전송저작권협회로 성장하는 모태가 되었다. 복전협의 부이사장으로 재임하시면서 학술출판계의 권익을 위해서 많은 애를 쓰셨는데 이런 일에 에너지를 너무 쏟으신 탓인지 지금은 건강이 조금 좋지 않으시지만 출판에 대한 열정만은 여전하시다.

유년 시절의 궁핍했던 삶과 어려운 생활고 속에서도 의미있는 인생을 살아내고자 몸을 아끼지 않으시고 내달렸던 열정도 건강을 많이 상하게 한 이유인 것 같아 몹시 안타깝다. 이제는 건강을 챙기시는 일에 더 많은 시간과 마음을 할애하여 한국출판 역사의 산증인으로서 오래오래 우리 곁을 지켜주시길 바란다. 출판은 강희일 회장님의 인생을 빛나게 했고, 강희일 회장님은 한국 출판 역사의 한 획을 장식하셨기에 강 회장님의 삶에 경의를 표한다.

내가 출판계에 입문하여 뵙게 된 여러 선배님들로부터 '출판은 이런 것이다'라는 큰 가르침을 받았다. 선배님들의 열정과 노력이 남달랐기에 저 정도의 출판사를 일굴 수 있었겠구나 하는 존경하는 마음으로 그분들을 닮아가고자 노력해

왔다. 강희일 회장님 못지않게 나에게 선배 출판인으로서의 풍모를 보여 주신 백산출판사 진욱상 회장님은 강 회장님과 더불어 사단법인 한국학술출판협회의 기본 틀을 만들어서 학술출판의 권익을 지키는 단체로 자리매김할 수 있는 초석을 다지셨다.

  백산출판사 진욱상 회장님은 학술출판계의 젠틀맨이시자 묵묵히 후배들을 격려해 주시는 큰 버팀목 같은 분이다. 여러 견해가 있을 법도 하시지만 후배들이 하고자 하는 일에 직접 관여하시려 하기보다는 격려하고 지원하는 것이 당신의 소명이라고 생각하고 계시는 듯하다. 이런 선배 출판인들이 계셨기에 학술출판이 보다 견고한 초석을 다질 수 있지 않았을까. 협회나 출판계의 대소사가 발생하면 고생이 많다는 격려와 함께 언제나 제일 먼저 찬조를 하시면서 조용한 지원을 아끼지 않으신다. 진 회장님께서도 건강관리를 잘하셔서 후배 출판인들이 출판계를 잘 이끌어 가는지 오랫동안 지켜봐 주셨으면 한다.

30 단체장

나는 학술출판사들을 중심으로 결성된 한국학술출판협회의 회장을 맡아서 2014~2019년까지 6년간 소임살이를 한 적이 있다. 이 자리는 명예직도 아니고 당장 우리들의 권리를 주장하고 지켜내야 하는 자리이기에, 현안에 대한 연구와 더불어 회원들 간의 친목도모를 통해 우리들의 권리를 주장할 수 있는 단결력을 길러야 했다. 그래서 회원사 대표들 간에 수시로 소통할 수 있는 자리를 만들어서 친목을 도모하는 활동도 하고, 우리가 필요로 하는 현안에 대해서 정부에 꾸준히 목소리를 내야 하는 일도 게을리하지 않았다.

항상 일 중심으로 사고하고 움직이는 것이 일상화된 탓인지, 출판단체의 일이라고 해서 회사의 업무와 분리하여 우선순위에서 미루어 둘 수는 없었다. 가끔은 출판계의 현안을 해결하느라 회사 일은 뒤로 미루어야 하는 경우도 허다했다. 출판계의 일과 회사일이 한몫으로 묶여 돌아가다 보니 이 둘의 구분이 모호하다는 오해 아닌 오해도 있었다. 거기다 회사 부사장까지 협회 사무국장으로 임명하여 무보수 봉사직으로 임기 내내 함께 활동하니 두 사람이 같이 자리를 비우게 되는 경우도 빈번했다. 덕분에 협회의 위상이 제고되고 대출협을 비롯한 타 협회와도 긴밀한 교류를 진행하게 되면서 출판단체 간의 원활한 협조와 친목을 이끌어 낼 수 있었다.

특히 저작권 문제는 출판계의 권리를 지키는 데 핵심적인 사항이라 국회를 여러 차례 방문하여 법안을 만드는 일에 관

여해야만 했다. 경제가 호황이고 출판계가 성장하던 시절에는 출판단체장도 명예직으로서 임기 동안 출판계를 대표하는 사람으로서의 역할만 잘해도 되었다. 그러나 출판환경이 급격하게 위축되고 디지털 환경이 만들어지면서 출판계에도 위기감이 돌기 시작했다. 그러다 보니 단체장도 대표자로서의 역할만 수행하기보다는 출판계의 당면한 실무현안을 해결하기 위해 동분서주하지 않으면 안 되는 상황이 전개되었다.

저자가 책을 집필하면, 출판사는 이 원고를 여러 차례 다듬고 보완한 뒤에 디자인적인 요소를 가미하여 독자들이 이해하기 쉽도록 구성한다. 신체 각 부위를 일러스트로 구현해야 하는 의학 서적은 물론이고, 텍스트가 많은 인문학 서적이라 할지라도 글을 정리하고 문장을 다듬는 데 상당한 공수를 들이게 된다. 온전한 책이 만들어지기까지는 출판사의 노력이 적게는 30%에서 많으면 70%까지도 필요하다.

그러나 이러한 정성과 노력에도 불구하고 현실은 우리와 같은 출판권자들에게는 책에 대한 권리나 권한이 전혀 인정되지 않고 있다. 오로지 저작권자에게만 권리가 있다는「저작권법」에 따라, 불법복제 현장을 적발하고도 출판사에서는 직접적으로 아무런 대응도 할 수 없는 것이다. 저작권자의 동의가 없으면 소송조차도 할 수 없다. 요즘에는 디지털 환경이 발전해 가다 보니 예전처럼 일부를 복사하던 차원을 넘어 책 전체를 북스캔하여 파일을 생성시켜 노트북을 통해서 활용하는 시대가 되었다. 이러한 분명한 불법 행위에 대해서도 출판계는 직접적으로 제재할 수 있는 수단이 없다.

상황이 이렇다 보니 이런 불합리한 상황을 개선하기 위해 국회를 수차례 방문하기도 하고, 출판사 대표님들을 모셔다 놓고 이런 상황을 설명하기도 했다. 대한출판문화협회 산하에 출판저작권법선진화위원회를 결성해서 이 문제를 출판계 차원에서 다룰 수 있는 토대를 마련하기도 했고, 국회 공청회를 주관하기도 했다. 하지만 아직까지도 이렇다 할 성과를 거두지 못하고 있다. 협회장을 6년이나 하게 된 것도 이런 이유 때문이었지만 뚜렷한 성과를 거두지는 못한 채 출판계에 문제제기를 해놓은 것으로 만족해야 했다. 안타까운 일이다.

한국학술출판협회는 1992년에 한국대학도서출판협의회로 출범하여, 2009년에는 사단법인이 되었고 올해로 30년이 되는 단체다. 협회 회원사의 대표님들은 많이 팔리지 않는 학술서들을 만들면서도 귀한 책을 후대에 전한다는 자부심 하나로 살아왔고, 그것을 행복으로 여기며 묵묵히 외길을 걸어오신 분들이다. 인터넷이 발달하고 스마트폰의 활용 폭이 넓어지면서 책과 거리가 멀어져 독서 인구도 줄고 출판시장도 많이 위축되었다. 전자책으로의 전환에도 가속도가 붙기 시작했다. 혁신이 필요하고 유연한 사고와 대처가 절실한 때이다. 그래서 학술출판협회 회원사를 중심으로 출범시킨 전자출판협동조합 아카디피아를 통해서 e-북 분야도 활성화할 수 있는 토대를 마련했다.

협회장으로 재임하는 동안 출판의 새로운 트렌드 이해와 변화하는 환경에 대응하기 위한 출판인 교육, 회원 간의 협력과 친목도모를 위한 학술출판단체 합동세미나를 매년 개최하였다. 협회의 홈페이지를 재구성하여 활성화하였고, 협회 사무실 활성화, 회원 확대, 과학출판협회와의 통합논의 등 여러 사안에 대해 관심을 가지고 회원사 대표님들의 의견을 묻고 힘을 빌려 차근차근 하나씩 추진했다. 도서목록 제작배포를 통한 도서관 납품사업 활성화, 독서문화 활성화를 통한 책의 가치 증대를 위해서도 노력하였다.

6년이라는 짧지 않은 임기 동안 함께 뜻을 모아준 임원진들과 협력하여 한국학술출판협회를 활성화하여 한국출판문화의 발전을 위해 작은 힘이나마 보태고자 최선의 노력을 다하였다. 하지만 출판친화적인「저작권법」개정을 위한 가시적인 결과를 만들어 내지 못했다는 것과, 대학교재 불법복제 방지를 위한 제도적 장치를 만들지 못한 점은 내내 아쉬움으로 남는다. 지금도 관련 논의는 지속되고 있지만 예전보다

동력이 많이 상실되었고 출판사 대표님들의 관심도도 많이 떨어지고 있어서 걱정스러운 마음이 크다. 출판의 미래는 출판사의 권리확보와 독서 진흥이다. 우리 출판인들이 관심을 가지고 나서지 않으면 아무도 책임져 주지 않는다는 사실을 잊지 말아야 할 것이다.

31 저작권

우리나라는 예로부터 학문을 숭상하는 문화를 가지고 있다. 그래서 궁휼한 삶 속에서도 학문에 정진하는 선비의 모습을 으뜸으로 평가해 주었다. 가난한 선비는 책을 구하기 위해서 없는 가산마저도 탕진해야 했고, 좋은 책을 만나면 몇 날 며칠 밤을 새워서라도 필사를 해서 소장하려고 했다. 근현대에 접어들어서도 엄혹한 일제강점기와 한국전쟁을 거치면서 일반인이 책을 접하거나 소장하는 일은 쉬운 일이 아니었다. 하지만 우리나라 국민들의 또 다른 특성 중의 하나가 강한 교육열이다.

지금 현재의 빈곤과 지위에서 벗어나는 길은 오로지 교육을 통한 현실타파의 길뿐이었다. 가난한 학생들에게 책값은 만만찮은 부담이었다. 그러다 보니 필요한 책을 구입하지 못한 일부 학생들은 본 책보다 저렴한 복사본을 만들거나 필요한 일부분을 복사하여 책을 대신하였다. 그러면서 책도둑은 도둑이 아니라는 말로 이 상황을 합리화하였다. 인지상정의 문화가 깊게 배어 있는 우리 민족이기에 출판사나 서점에서도 눈감아 주는 정서도 없지 않았다.

하지만 책도둑이 소도둑이 되어서 불법복사는 불법복제로 진화하였고, 책 한 권을 통째로 복제하여 파일로 만들어서 노트북에 탑재하여 사용하는 문화가 일반화되고 있다. 대학가에서 매 학기마다 반복되는 불법복제와 북스캔으로 인한 출판사들의 피해는 상당하다. 이제는 불법복제 때문에 출판을 접어야 할지도 모르겠다는 이야기가 주변 출판사들로부터 심심찮게 들려온다. 이는 불법복제에 대한 뿌리 깊은 관대한 문화와 저작권에 대한 인식 부족으로 초래되는 문제로서 학문발전에도 지대한 장애요인이 되고 있다.

매 학기마다 한국출판문화산업진흥원, 한국저작권보호원, 한국과학기술출판협회와 한국학술출판협회, 대학구내서점연합회, 외국지사 등과 연대하여 지속적이고 효율적인 단속과 캠페인을 병행하여 저작권에 대한 인식을 환기시켜 적법하게 콘텐츠를 활용하도록 유도함으로써, 회원사의 권익을 보호하고 학문도 발전해 가는 선순환시스템이 구축되도록 홍보 및 계도 활동을 실시하여 왔다.

특히 문화체육관광부장관과 교육부장관이 대학총장에게 보내는 계도 공문과 대학교 내 현수막 게시, 계도 포스터 배포, 한국저작권보호원 현장대응팀의 단속활동을 병행하여 유기적으로 불법복제에 대응할 수 있도록 하고 있다. 또한 대출협 정책국을 중심으로 대언론 홍보활동을 전개하여 불법복제와 북스캔 문제에 대한 심각성을 환기시켜 오고 있다. 문화체육관광부가 한국저작권위원회, 한국저작권보호원과 함께 악의적인 저작권침해에 대해 징벌적 손해배상제도를 도입하고 사이버저작권수사대를 신설할 예정이라고 한다. 그동안 출판단체가 꾸준히 문제를 제기해 온 데 대한 정부 당국의 응답으로 보인다.

대한출판문화협회에서는 범출판계를 아우르는 출판저작권법선진화위원회를 구성하여 출판판면권을 비롯한 출판친화적인 법률 개정을 위한 논의와 연구활동을 전개해 오고 있다. 출판저작권법선진화위원회의 모태가 된 학술출판권리자협의회에서는 세미나, 공청회, 국회방문 등 적극적인 지원활동으로 대출협이 출판인들의 법적 지위 향상을 위한 전초기지가 되도록 하는 데 많은 힘을 보탰고 의미 있는 성과도 이뤄냈다. 하지만 법 제정으로까지는 이어지지 못해서 매년 똑같은 하소연만 똑같은 기관에 되풀이하고 있는 실정이다.

새로운 법안을 만드는 일에 부담을 갖고 있는 문체부 저작권정책과와의 지속적인 협의를 통해 우호적인 여론을 형성해 가면서 구체적인 대응전략을 모색해 간다면 반드시 소기의 성과를 이루어 낼 것으로 보인다. 출판계에서는 모든 역량을 동원하여 입법전문가의 조언을 듣고 자문그룹의 도움을 받아서 출판친화적인 저작권법 입법화가 마무리될 때까지 꾸준한 활동을 적극적으로 전개해야 할 것이다.

한국학술출판협회 회장으로 전문서적 출판의 생존문제가 걸려 있는 출판권자의 권리와 저작권 보호를 위해 6년간 활동하다 보니 대학교재의 불법복제, 북스캔, 수업목적 저작물 이용과 보상금 분배, 학점은행제 업체들의 불법복제 전송 등 저작권 침해가 너무나 심각하다는 현실에 절망하곤 했다. 현행 「저작권법」이 출판계 친화적인 저작권법으로 개정되지 않고서는 출판계의 문제를 근본적으로 풀어 나갈 수 없다. 그동안 출판계에서는 「저작권법」에 대한 이해도 부족했고, 출판친화적인 저작권법의 필요성에 대한 인식도 그다지 절실하지 않았다.

현행 「저작권법」상으로는 수업목적보상금은 저작재산권자에게만 지급하여야 하고, 출판권자 등에게는 수업목적보상금의 보상청구권을 인정할 수 없다는 의견이 아직도 지배적이다. 불법복제현장을 적발하고도 출판권자가 현장에서 직접적으로 조치할 수 있는 법적 근거도 없다. 불법복제를

단속하고 관리할 직접적인 업무를 수행하고 있는 한국저작권보호원의 사정도 크게 다르지 않다.

출판계에서 요구하고 있는 판면권은 쉽게 말해서 책을 만들어 배포하는 데에 기여한 부분을 권리로서 인정해 달라는 것이다. 현실적으로 당장 판면권을 인정하기 어렵다면, 수업목적 저작물 이용 등으로 인해 침해된 출판사의 권리와 피해 및 손실을 보상받을 수 있도록 「저작권법」 제62조를 개정하여 출판사도 보상권자로 인정해 달라는 것이 출판계의 요구다. 출판저작권이 이용료를 징수하는 대신 이용자의 편의성이 강조되는 방향으로 재편되고 있는 상황에서, 피해는 고스란히 출판계가 떠안고 보상은 저작권자만 받을 수 있는 현행「저작권법」의 합리화를 요구하고 있는 것이다.

저작권자와 출판권자는 한 몸처럼 함께 성장한다. 출판사는 저작권자의 권리를 보호해 주며 창작을 지원하고 저자가 성장할 수 있도록 하는데, 저작권자단체는 막연하게 피해의식을 갖고 출판권자의 권리를 인정하지 않으려고 하는 경향이 있다. 권리도 함께 보호하면서 파이 전체도 키워야 한다고 생각한다.

출판인들에게 저작권의 문제는 그리 심각한 문제가 아니었다. 그동안 저작권을 두고 저자와 다툴 일도 거의 없었고 출판을 업으로 유지하는 데도 그다지 문제가 되지 않았기 때문이다. 그러다 보니 저작권 문제에 적극적인 관심을 갖는 출판사들도 없었고「저작권법」이 개정된다고 해도 관심을 갖지 않았었다. 그런데 디지털시대가 도래하면서 기존 출판의 형태가 변화의 조짐을 보이고, 불법복사에서 불법복제로 상황이 변해가면서 차츰 저작권에 대한 필요성을 심각하게 느끼기 시작했다.

불법복제 문제가 기승을 부리자 대학교재를 주로 출간하고 있는 학술 출판사들도 불법복제를 적극적으로 해결하고자 한국복제전송저작권협회(이하 복전협)를 출범시켰다. 복전협이 출범할 당시 대다수의 출판인들은 복전협이 불법복제 단속업무를 원만하게 수행하여 출판인들의 시름을 달래

줄 수 있으리라는 일말의 기대와 희망을 가졌던 것도 사실이다. 하지만 현재 복전협에는 저작권자 단체들만이 참여하고 있을 뿐, 그나마 몇 명의 이사들의 참여로 명맥을 유지하던 출판계는 완전히 배제되었다.

대출협은 2018년 9월에 복전협을 탈퇴하였다. 복전협은 출판계가 모태가 되어 출범한 단체임에도 불구하고 출판계의 이익보다는 저작권자의 이익만을 대변하는 단체로 변질되었기에, 복전협을 탈퇴하고 출판계의 이익을 대변할 수 있는 새로운 신탁단체의 설립을 추진하기에 이른 것이다. 대출협은 출판계 주요 단체와 협의를 마치고 2019년 2월 총회 인준을 거쳐 독자적인 저작권 대리·중개 조직인 '한국저작권집중관리센터'를 설립하였다.

한국저작권집중관리센터는 출판권자와 저자의 권리를 보호하고 적합한 수수료를 기반으로 운영하는 저작권 대리·중개 사업과 학점은행제 원격교육업체로부터 저작권료를 수령하여 위탁한 출판사에 분배하는 사업을 주요 업무로 하고 있다. 현재 한국저작권집중관리센터는 출판사와 저자를 함께 대변하는 저작권 대리·중개 업무를 시작으로 출판권자를 대변하는 저작권 신탁단체로 발돋움하기 위해 활동하고 있다. 출판계의 안일한 대응이 이와 같은 결과를 초래하였다는 점에서 출판인의 한 사람으로서 큰 책임감을 느낀다. 이는 한국저작권집중관리센터가 더더욱 활성화되어야 하는 이유이기도 하다.

출판은 한 국가의 학문과 교육체계의 근간을 이루고 있다. 과연 출판이 없이도 이 일이 가능할까. 출판을 기능적으로만 이해하는 사람들은 대체가 가능하다고도 말한다. 하지만 출판의 역사와 메커니즘을 좀 더 깊게 이해하고 있는 사람이라면 수천 년 동안 출판이 소멸되지 않고 존속해 온 이유를 안다. 실이 제 역할을 다하기 위해서는 바늘이 필요하고 글을 쓰기 위해서는 펜이 필요하다. 저자에게는 출판사가 필요하고 출판사에게는 저자가 필요하다. 저자와 출판사가 상생할 수 있도록 조율해 주는 룰이 바로 저작권이다. 지금 현재의 저작권은 출판권자와 저작권자 사이의 균형이 맞지 않는다. 양자의 상생을 위해서는 이를 바로잡아야 한다. 균형이 무너지면 어느 쪽도 살아남기 어려운 것이 세상의 이치이기 때문이다.

32 전자책

나는 사업을 시작하면서 더 많은 공부를 하게 되었다. 세상의 변화에 뒤처지지 않기 위해서는 현 상황에 대한 이해가 필요하고 미래에 대한 대비를 위해서도 끊임없는 공부가 필요하다. 출판업에 종사한다고 해서 출판에 대한 제반 공부만 해서도 안 되고 출판과는 전혀 상관없을 것 같은 분야에 대해서도 지속적인 관심과 이해가 필요하다. 이를테면 대표적인 분야가 IT 분야다.

출판업을 시작하고 나서 2000년에 들어서자마자 나는 전자책 서비스 사업에 대한 고민을 시작했다. 그때는 전자책이라기보다는 논문사업을 추진했었다. 그때까지만 해도 논문 DB사업이 본격적인 궤도에 올라 있지 않았지만 대학에서 논문은 절대적으로 필요할 뿐만 아니라 수많은 논문을

DB화하여 체계적으로 정리해 두면 검색을 통해서 필요한 논문에 접근하게 되어 연구자들에게 큰 도움을 줄 수 있으니 반드시 사업적으로도 메리트가 있다고 생각했다.

지금이야 개발에 대한 노하우도 생겼고 솔루션도 많이 보급되어 있어서 활용이 용이하지만, 그때 당시에는 거의 모든 프로그램을 새로 개발해야 했고 모든 데이터를 컴퓨터 서버에 저장해야 했다. 그렇다 보니 데이터량을 감당하기가 만만치 않아서 개발이나 운영에서 곤란을 겪는 일이 한두 가지가 아니었다. 거기다 적합한 기술력을 가지고 있는 사람을 만나기도 어려웠고 방법이나 방향이 맞는지도 가늠하기가 쉽지 않았다.

이런 상황에서 개발에 대한 방법론이나 방향성만 두고도 개발자와 많은 갈등을 겪어야 했고, 적절한 서비스 시점을 놓치고 시간을 낭비하게 되어 먼저 시작하고도 후발주자에게 선두자리를 내준 것 같아 지금 생각해도 못내 아쉽다. 사업을 시작하면서 내 노트에 적어둔 '투자만이 살 길이다.'라는 문구가 무색해지는 순간이었다.

그래서 지금은 방향성이 정해지면 적극적으로 투자하는 일에 주저하지 않는다. 학술출판계 차원에서 학지사가 대학 교재를 전자책으로 서비스하고자 설립한 법인인 '캠퍼스북'에 큰 열정을 가지고 참여하는 이유가 여기에 있다. 캠퍼스

북은 대학교 학습이 비대면으로 가고 있는 상황에서 언제까지 종이책만을 고집할 수는 없을 것으로 보고, 학술출판사들이 중심이 되어 대학교재를 전자책으로 서비스하는 시스템을 만들어서 정규대학뿐만 아니라 사이버대학과 학점은행제 원격교육업체에까지 서비스하는 시스템을 구축하고자 한 것이다.

대학의 불법복제 문제도 그렇고 사이버대학이나 학점은행제 원격교육업체에서는 저작권료를 일체 지급하지 않고 대학교재 출판사에서 개발한 도서의 콘텐츠들을 불법으로 무단사용하고 있는 사례가 무수히 발견되고 있다. 하지만 관계 당국조차도 현행「저작권법」테두리 안이라는 명분으로 매우 소극적으로 단속하고 있어서 거의 무방비 상태라고 해도 과언이 아니다.

출판계에서도 관계 당국에 보다 적극적으로 징벌적 차원에서 대응해 줄 것을 매 학기마다 요청하고 있지만 애달픈 간청으로만 그치고 있다. 오히려 북스캔을 합법화하여 불법복제를 양성화해 주자는 주장을 하기도 한다.

그런데 대학교재의 저작권료마저도 특정 기관에서 분배하는 구조로 시스템화되면 기관은 수수료 수입으로 배를 불리고 저작권자는 저작권료로 보상을 받을 수는 있겠지만, 인세의 형태가 아니라 이용료를 받는 형태로 변질되고 말 것이다. 이렇게 되면 저작권자는 저작권자대로 샘플링에 따른 불분명한 이용형태조사로 인해 합당한 보상을 받기가 어려워질 뿐이다. 출판권자는 출판권자대로 콘텐츠를 개발하고 유통시키기 위해 비용과 수고를 들이지만 아무런 보상도 받을 수 없는 처지에 놓이게 될 것이다. 따라서 출판계에서 먼저 나서서 대학교재 전자책 서비스사업을 주도하여 학술출

판사들의 권익을 지켜나가는 구조를 만들자 하는 것이 이 사업을 추진하게 된 직접적인 배경이다.

코로나 사태로 인해 대학교육도 이제는 비대면 온라인 수업이 확대되고 있다. 이에 따라 출판업계도 전자책 서비스를 구독방식모델로 전환하고 적극적으로 대처해 나가야 한다.

학지사는 원소스 멀티유즈를 잘 실천하고 있는 기업이다. 하나의 콘텐츠가 개발되면 개발된 콘텐츠를 바탕으로 온·오프라인 교육으로 풀어내고, 심리검사 개발과 논문서비스 사업에도 적극 활용하고 있다. 출판을 위해 생산된 콘텐츠의 활용도를 극대화하는 것이 출판계가 살아남을 수 있는 유일한 방법이라고 생각한다. 그래서 나는 "끊임없이 혁신하라, 끊임없이 학습하라"라는 사내 슬로건을 각 사업부의 입구마다 붙여 놓고 지속적인 학습조직 활동을 실시하면서 새로운 변화를 추구하려 노력하고 있다. 이는 생존을 위한 자구책이다.

출판시장의 양상이 급격하게 변화하고 있다. 텍스트 기반의 종이책 시장에서 콘텐츠 기반의 디지털 기반산업으로의 이동이 가장 눈에 띄는 대목이다. 대표적인 예가 바로 전자책이다. 디바이스의 발달로 언제 어디서나 플랫폼을 통해서 전자책을 구입하고 활용할 수 있는 시스템이 고도화되어 가고 있다. 코로나19 팬데믹이 세계를 강타하면서 속도도 더

욱 빨라지고 있다. 종이책의 유통도 오프라인 서점을 통한 구입보다는 온라인 플랫폼을 통해 구입하는 사례가 증가하고 있다.

그동안 출판계에서도 전자책에 대한 준비를 해 오지 않은 것은 아니지만 콘텐츠 유출에 대한 우려 때문에 매우 보수적인 관점에서 전자책 사업에 조금씩 발을 담궈보는 정도로 접근하였던 것 같다. 그러다 보니 IT 솔루션 기업들이 출판사를 우회하여 저자와 직접 거래하며 콘텐츠 생산과 유통에 관여하려는 움직임도 보인다. 하지만 출판계에서 생산해 온 콘텐츠의 양과 질을 넘어설 수는 없다 보니 콘텐츠를 가지고 있는 출판사와 제휴하는 형태로 진출하려는 시도가 갈수록 활발해지고 있다. 따라서 개별 출판사별로 대응하여 점진적으로 IT 솔루션 기업들에게 콘텐츠를 내주고 종속되는 구조에 편입되지 않도록, 부문별 출판계 차원에서라도 체계적인 대응이 필요한 시점이다.

출판시장을 위협하는 파도는 갈수록 높아지고 있는데 출판계의 결속력이나 출판에 대한 출판인들의 애정은 예전만 못한 듯하다. 그도 그럴 것이 학령인구는 감소하고 있고 디지털 트랜스포메이션이 산업 전반에 미치는 영향이 커져가서 텍스트 기반의 종이책에만 의존해 온 출판기업들이 대응해 갈 엄두를 내지 못하고 있다. 출판은 이제 사양 산업이니 내 세대까지만 하고 자식 세대까지는 물려주지 않겠다는 것이 출판사 대표님들의 생각이다. 새로운 시대의 출판은 플랫폼을 통해 콘텐츠를 가공하여 서비스하는 산업으로 변모해 가야 한다. 학술출판전문 전자책 서비스는 책 만드는 일을 가장 큰 자부심으로 생각하며 살아 온 내가 학술출판의 미래를 위해 학술출판계와 함께 꼭 이루어 내야 할 사업이라고 믿고 적극적으로 추진하고 있다.

에필로그

"나는 다시 태어나도 책 만드는 일을 하고 싶다"

학지사는 올해로 창립 30년을 맞이하였다. 현재 7개의 사업부로 구성되어 있지만, 준비 중인 사업부까지 합치면 8개, 9개도 금방 출범시킬 수 있을 것 같다. 요즘 많은 사람들이 어렵다는 말을 입에 달고 다니지만, 나는 이렇게 사업을 확장시켜 갈 수 있는 다양한 아이템이 마련되어 있다는 사실이 얼마나 감사한지 모른다. 물론 누구에게나 가능성과 기회는 열려 있다고 생각한다. 누군가에게는 열려 있는 것으로 보이는 문이 또 누군가에게는 닫혀 있는 것으로 보이기도 한다. 열려 있는 문을 볼 수 있는 눈을 안목이라고 한다면, 열려 있는 그 문 안으로 성큼 들어설 수 있는 것이 용기이자 기회를 포착하는 일일 것이다.

학지사를 30년 이끌어 오다 보니 이 모든 일이 결국은 사람들이 하는 일이라는 것을 느낀다. 나 혼자서가 아니라 다양한 여러 직군의 사람들이 함께 모여서 말이다. 그동안 오랜 시간 나와 함께 학지사를 이끌어 주었던 임직원들이 있었는가 하면 곁을 지켜준 가족들이 있었다. 그리고 우리 책의 저자가 되어 준 교수님들과 고객이신 여러 학생들이 있었다. 나는 이 모든 사람들과 함께 학지사를 만들고 운영해 온 것이다. 학지사의 미래 역시 이 사람들과 함께라야 기약할 수 있다. 사람이 현재이자 바로 미래이기 때문이다. 학지사를 이끌며 내가 얻은 가장 큰 자산은 역시 사람이었다.

심리학과 권석만, 윤가현 교수님, 상담학과 김계현, 천성문 교수님, 교육학과 성태제, 김동일 교수님, 사회복지학과 김영종, 권중돈 교수님, 유아교육학과 정옥분, 이순형 교수님, 특수교육학과 이소현, 박은혜 교수님, 광고홍보학과 김병희 교수님 등등 학지사에 많은 애정을 가지시고 좋은 원고를 써주신 교수님들이 5,500여 분이 넘는다. 저마다 각 전공 분야에서 일가를 이루시며 대단한 연구업적을 남기신 교수님들인데 학지사와 좋은 인연을 맺고 회사가 성장할 수 있도록 탄탄한 기반을 마련해 주셨다. 이분들이 콘텐츠를 생산해 주셨다면 신화인쇄소의 나병문 대표님, 대광제책사의 문준열 대표님, 평화코팅의 장용구 대표님은 책을 제작하는 데 많은 도움을 주셨다. 만약 이분들이 안 계셨다면 학지사도 없었으리라 생각한다.

  지금까지 살아온 길을 되돌아보니 나는 참 복이 많은 사람 같다. 사람으로 태어나 일생을 살아가면서 삶에 질곡이 없고 좌절이 없었을 수는 없을 것이다. 나 역시 홀로 헤아릴 수 없이 많은 밤을 새워가며 번민하고 또 고민하였다. 그러나 그럴 때마다 주변에 도움을 주는 좋은 분들이 계셨기에 지금의 내가 있다고 생각한다. 지면으로나마 그분들께 진심 어린 감사의 말씀을 올린다. 먼저, 내가 학지사를 창업한다고 하니 하시던 일을 그만두고 지금까지 근 30년을 우리 회사에 출근하며 묵묵히 곁을 지키고 도와주고 계신 김장환 형님과 이종학 부장님, 두 분의 격려와 응원에 무한한 감사를 드린다. 그리고 물류센터를 맡아 관리하면서 내 살림인 양 세심하게 챙겨주고 체계화해 준 정구진 부장의 헌신에도 감사드린다.

  그동안 학지사의 곳간을 지켜온 경영지원부 김정헌 차장은 올해로 25년차가 된다. 결코 짧지 않은 세월을 함께했다. 영업부의 정승철 상무는 대학교를 졸업하던 해에 지도교수실에서 나와 면접을 보고 학지사의 일원이 되어 지금까지 25년 동안 학지사 발전의 주역으로 큰 역할을 해 주고 있다. 편집자로 입사하여 지금은 회사 전반을 두루 살피며 부사장의 소임을 맡고 있는 최임배 부사장은 24년을 나와 함

께하고 있는데 아마도 우리는 전생에 부부의 연이었지 않나 하는 생각이 든다. 김병현 이사와 김은석 이사, 김순호 이사, 한승희 부장도 학지사를 사랑하고 아끼는 마음으로 20여 년 이상을 함께해 온 베테랑들이다. 인싸이트의 오성택 상무와 이상섭 부장은 번뜩이는 기획력과 추진력으로 신사업부를 탄탄한 성장의 길로 잘 이끌어 주고 있다.

  나는 2남 1녀를 두고 있다. 큰아이는 내가 학지사 창업을 준비할 즈음에 태어나서 많은 시간을 함께 해 주지 못했고 당시 형편이 넉넉하지 못해 지원도 잘 해 주지 못하였다. 그래서 그때의 일들을 생각하면 지금도 큰아이에게는 미안한 마음이 크다. 지금은 대학을 졸업하고 학지사 파주물류센터에서 일을 배우며 성실히 자신의 몫을 해 주고 있어서 감사할 따름이다. 둘째는 대학원에서 심리학을 전공한 뒤 현재는 인싸이트 사업부의 연구개발팀에서 일을 돕고 있다. 최근에 결혼하였는데 얼마 전에 사위가 전문의 시험을 통과하고 연대 세브란스병원에서 진료를 시작하였다니 이제는 믿고 맡겨도 될 것 같다. 막내는 미국에서 경영학을 전공하고 지금은 카투사로 군 복무 중이다. 아이들 모두 별 탈 없이 건강하고 착하게 자라주어서 부모로서 더 바랄 것 없는 큰 축복이다. 이 모든 것이 옆에서 온전히 나를 내조하며 지혜롭고 현명하게 가정을 잘 이끌어 온 아내 덕분이라 생각한다.

이 책의 출간을 준비하면서, 나는 내가 어떤 사람이고 무슨 생각을 가지고 있으며 어떠한 삶을 살아왔는지를 되돌아보게 되었다. 돌이켜 보니 나름대로 한 가지 분명한 목표를 정해서 이를 실현하고자 올곧게 살아온 것 같다. 이제까지 누구에게도 부끄럽지 않은 삶을 살았고 앞으로도 그러할 것이다. 나 자신보다는 주변사람을 생각하고 이들에게 조금이라도 더 도움을 줄 수 있기를 바라며 스스로의 의지와 신념을 계속 다지고자 한다.

학지사라는 기업을 창업하여 성장을 거듭해 왔지만, 이제는 사회적 기업으로 발돋움하려는 노력도 소홀히 하지 않을 것이다. 책을 만드는 사람으로서의 자긍심이 내 삶의 큰 지향이 되었다는 사실에 새삼 감사함을 느낀다. 나는 다시 태어나도 책 만드는 이 일을 꼭 다시 하고 싶다. 세상에 이보다 가치 있는 일은 없기 때문이다.

저자 소개

김진환

　1957년 충북 영동에서 태어나 대학과 대학원에서 경영학을 공부하였지만, 출판과 운명처럼 인연을 맺은 이래로 책 만드는 일에만 매진해 오고 있다. 책 만드는 일이 세상에서 가장 귀한 일이라 여기고 있고, 다음 생에도 출판인이 되고 싶다는 소망을 간직하고 있다. 출판인으로서 소명을 다하기 위해 출판계의 현안해결에 적극적으로 관여하고 있으며, 기업인으로서 사회적 책무를 다하는 일에도 꾸준히 참여하고 있다.
　학지사는 인간의 마음을 탐구하는 심리학을 모태로 하는 기업으로서 '학지사는 깨끗한 마음을 드립니다'라는 슬로건에 진심을 담아 고객들과 함께하고자 노력하고 있다. 아울러 건강한 콘텐츠를 개발하여 국가와 사회에 기여하는 100년 기업이 되고자 염원하고 있다. 학지사는 신뢰와 상생을 핵심가치로 삼아 지속적인 경영이념으로 실천해 오고 있다. 또한 궁극적으로 현대인들의 심리적 문제를 해결해 주고, 누구나 건강하고 평안한 삶을 영위할 수 있도록 도와주는 유용한 심리학 콘텐츠를 개발하여 유통시키는 통합 디지털 플랫폼 기업으로 자리매김하는 것을 학지사의 향후 과업으로 삼고 있다.

나는 책을 만드는 사람입니다

2022년 6월 1일 1판 1쇄 인쇄
2022년 6월 5일 1판 1쇄 발행

지은이 • 김진환
펴낸이 • 김진환
펴낸곳 • ㈜ **학 지 사**

04031 서울특별시 마포구 양화로 15길 20 마인드월드빌딩
대표전화 • 02-330-5114 팩스 • 02-324-2345
등록번호 • 제313-2006-000265호

홈페이지 • http://www.hakjisa.co.kr
페이스북 • https://www.facebook.com/hakjisabook

ISBN 978-89-997-2688-0 03320

정가 11,000원

저자와의 협약으로 인지는 생략합니다.
파본은 구입처에서 교환해 드립니다.

이 책을 무단으로 전재하거나 복제할 경우 저작권법에 따라 처벌을 받게 됩니다.

출판미디어기업 **학 지 사**

간호보건의학출판 **학지사메디컬** www.hakjisamd.co.kr
심리검사연구소 **인싸이트** www.inpsyt.co.kr
학술논문서비스 **뉴논문** www.newnonmun.com
교육연수원 **카운피아** www.counpia.com